CITOYENNETÉS À VENDRE

ATOSSA ARAXIA ABRAHAMIAN

CITOYENNETÉS À VENDRE

Enquête sur le marché international des passeports

*Traduit de l'anglais
par Arianne Des Rochers et Alex Gauthier*

© Atossa Araxa Abrahamian, 2015
Titre original : *The Cosmopolites : The Coming of the Global Citizen*

Conception graphique de la couverture : David Drummond

Dépôt légal : 3ᵉ trimestre 2016
Bibliothèque et Archives Canada
Bibliothèque et Archives nationales du Québec
ISBN : 978-2-89596-232-8
ISBN (epub) : 978-2-89596-697-5

Ouvrage publié avec le concours du Programme de crédit d'impôt du gouvernement du Québec et de la SODEC. Nous reconnaissons l'aide financière du gouvernement du Canada par l'entremise du Fonds du livre du Canada (FLC) pour nos activités d'édition, ainsi que du Programme national de traduction pour l'édition du livre, une initiative de la *Feuille de route pour les langues officielles du Canada 2013-2018 : éducation, immigration, communautés*, pour nos activités de traduction.

Avant-propos

T ANT D'HISTOIRES COMMENCENT PAR DES FRONTIÈRES. J'ai grandi sans appartenance à un territoire, sans mère patrie, sans serment d'allégeance ni drapeau auxquels m'identifier. Je suis citoyenne de la Suisse, où j'ai passé mon enfance ; du Canada, où je suis née pendant les vacances de ma mère ; et de l'Iran, où habitaient mes parents d'ascendance russe et arménienne avant de partir étudier en Europe. Je parle un français respectable, un allemand pitoyable et un russe moyen. Je voyage dès que j'en ai l'occasion, et j'ai passé le plus clair de ma vie dans des écoles et des universités internationales, notamment à New York, où j'ai vécu le plus souvent ces dix dernières années. La plupart des gens qui m'ont vue grandir sont des employés des Nations Unies et leurs proches. À l'époque, tout le monde était international, me semblait-il. C'est ainsi que la notion d'appartenance non pas à un pays ou à une communauté, mais au monde entier, m'était intuitive.

Tous les ans, pour les fêtes de fin d'année dans mon école primaire à Genève, on nous faisait enfiler différents costumes nationaux pour chanter *We Are the World* devant nos familles multiculturelles et rayonnantes de fierté. La première fois que j'ai participé à ce spectacle, j'avais quatre ans et j'ai fait une crise parce que je ne savais pas quelle tenue folklorique porter.

Je reconnais l'héritage que m'a laissé cette éducation internationale – le fait de croiser régulièrement des connaissances à l'aéroport, de toujours avoir quelqu'un à appeler lors d'une escale imprévue. Cette condition vient cependant avec son lot de défis, aussi bien personnels que politiques. L'historien Tony Judt a d'ailleurs écrit au sujet théoricien palestinien Edward Saïd :

> [Qu'il] faisait cette remarque pertinente, quelques mois avant sa mort : « Je ne suis toujours pas capable de comprendre ce qu'aimer son pays veut dire. » Telle est, bien évidemment, la situation des cosmopolites déracinés. Il n'est ni très confortable ni même très sûr de ne pas avoir de pays à aimer : cela peut vous attirer l'anxieuse hostilité de ceux pour qui le déracinement implique une corrosive indépendance d'esprit. C'est cependant libérateur : le monde que vous voyez n'est certes pas le paysage rassurant que voient les patriotes et les nationalistes, mais vous voyez plus loin. Comme Saïd l'a écrit en 1993 : « Je n'ai aucune tolérance pour ceux qui défendent l'idée que "nous" devrions nous préoccuper uniquement ou majoritairement que de ce qui est "nôtre". »[1]

Le malaise de Saïd face au « nous » national est un sentiment que je partage avec lui – et, comme je l'ai appris, avec nombre d'autres personnes – indépendamment de nos origines. De plus en plus, notre monde engendre des apatrides de naissance et des citoyens étrangers, des immigrés sans-papiers qui ne connaissent que la patrie qui les rejette, des hommes

---

1. Tony Judt, « The Rootless Cosmopolitan », *The Nation*, 1er juillet 2004.

et des femmes du monde qui n'ont pas de chez-soi. Plus que jamais, des gens veulent ou ont besoin d'appartenir à un lieu qui ne leur a pas été assigné par le hasard de leur naissance. Ils cherchent à y être reçus, pour des raisons économiques, personnelles ou politiques : le fermier mexicain qui aspire aux emplois saisonniers en Californie ; les réfugiés syriens qui fuient la violence dans des bateaux remplis à ras bord et qui se noient en route vers l'Europe ; le milliardaire chinois qui investit dans des titres étrangers et envoie ses enfants à l'école au Canada ; l'Irlandais qui s'est épris d'une Singapourienne dont il est séparé par des frontières artificielles, dessinées aléatoirement par l'Histoire.

L'idéal cosmopolite qu'incarne Edward Saïd est lui-même le fruit d'un accident de l'Histoire. Il est apparu en Occident après la guerre du Péloponnèse (de l'an 431 à 404 av. J.-C.), qui s'est soldé par une cuisante défaite pour Athènes et, surtout, par l'éclatement de l'ordre international sur lequel régnait la cité-État. Au siècle suivant, les meilleurs stratèges politiques de la Grèce se sont affairés à ramasser les morceaux. Déplorant l'incompétence de la démocratie, Platon a imaginé une cité-État dirigée par des philosophes rois ; son célèbre étudiant, Aristote, a observé des centaines de villes afin de proposer une constitution réunissant les meilleurs éléments de chacune d'entre elles. Mais à mesure que les cités grecques dépérissaient et que de nouveaux pouvoirs émergeaient, les correctifs apportés par Aristote paraissaient de plus en plus obsolètes. L'âge d'or de la *polis* était bel et bien révolu.

C'est dans cette trouée intellectuelle qu'est apparu l'homme au tonneau. Premier objecteur de conscience du monde occidental, Diogène de Sinope croyait que les coutumes et les règles de la cité, peu importe la cité, étaient irrécupérables. Son mode de vie – il passait son temps à débattre et à boire, il urinait à la vue de tous et dormait dans un tonneau à vin – lui a valu le surnom de *kunos*, le Chien. Ses disciples ont adopté fièrement le sobriquet et se sont fait appeler les cyniques. Lorsque les gens respectables demandaient à Diogène de quelle cité il venait, il répondait : « Je suis un *kosmopolites* », un citoyen de l'univers.

Diogène n'aspirait pas à réinventer la politique, mais à l'anéantir. Selon la spécialiste de l'ère gréco-romaine Melissa Lane, « lorsque Diogène se déclarait lui-même *kosmopolites*, il déclarait surtout ne pas être un *polites*, ne pas être un citoyen ». Ce rejet de toute politique et des politiciens était une proposition aussi séduisante à l'époque qu'elle l'est de nos jours : lorsqu'Alexandre le Grand offre à un Diogène étendu nu au soleil d'exaucer n'importe lequel de ses souhaits, le philosophe le prie simplement de s'ôter de son soleil.

Les cyniques ne sont cependant ni les seuls ni les plus influents promoteurs du nouveau concept de cosmopolitisme. Une génération après Diogène, Zénon de Cition, un jeune intellectuel fauteur de troubles, a ouvert boutique en plein cœur d'Athènes, dans une colonnade commerciale appelée *stoa*. L'école de pensée qu'il y a fondé, les stoïciens, deviendrait l'une des principales sources d'idées en Occident pour les dix siècles à venir. Ses tenants, tout comme les cyniques, s'opposaient à Platon et Aristote, et voyaient la cité-État comme révolue. Mais alors que Diogène balayait le concept de citoyenneté du revers de la main, les stoïciens le célèbraient. Tous les hommes, affirmaient-ils, prennent part au *logos*, la divine raison universelle. Ainsi le monde ne doit pas être gouverné par des coutumes locales, mais par la raison suprême qui unit toute l'humanité et assure la cohésion de l'univers. De là provient, dans ses versions pauvre ou élégante, cynique ou transcendante, l'idéal cosmopolite.

Les Romains ont mis ces idées grecques en pratique : le vaste empire qu'ils ont bâti reposait en effet sur les notions d'ordre universel et de loi naturelle proposées par les stoïciens. Même à la fin de l'Antiquité, quand la « cité-monde » a cessé de régner sur son empire, la langue latine, l'Église chrétienne et le code juridique romain sont demeurés les principaux dénominateurs communs en Occident. Ce n'est que lorsque la rupture de l'unité chrétienne a mené à une autre guerre totale entre catholiques et protestants, au XVIe siècle, que la voie s'est ouverte à un nouveau principe organisateur : un système d'États-nations souverains, dont l'emblème le plus connu est le traité de Westphalie de 1648. Le système westphalien est, pour le meilleur et pour le pire, celui dans lequel nous vivons tous aujourd'hui, celui qui délivre des passeports et qui accorde des droits souverains égaux à la France, au Koweït et à l'archipel des Comores. Depuis 1945, c'est ce système qui empêche les chefs d'État du monde de déclencher un autre conflit mondial. Mais comme le démontre l'Histoire, le système d'État-nations est loin d'être la première conception de la citoyenneté et il n'en sera pas la dernière.

*

* *

Je m'intéressais depuis longtemps déjà à ce que veut dire être citoyen de quelque part, de n'importe où, quand on m'a annoncé, quelques semaines après avoir eu mon diplôme en journalisme en 2011, que j'avais remporté, à la loterie américaine des « cartes vertes », le gros lot qui allait accélérer mes démarches pour obtenir la résidence permanente aux États-Unis. L'objectif de ce tirage au sort est de donner aux ressortissants des nations sous-représentées la chance d'habiter aux États-Unis et de contribuer à la diversité dont s'enorgueillit le pays. J'avais posé ma candidature en tant que Suisse. Comme beaucoup d'étudiants étrangers aux États-Unis, je me démenais depuis des années pour avoir un visa de travail qui me permettrait de rester à New York. Quand j'ai appris la nouvelle, je me suis dit que c'était trop beau pour être vrai.

J'avais raison ; en fin de compte, mon dossier a été rejeté. Le gouvernement américain ne me considérait pas comme une « vraie » native de la Suisse parce que je n'y étais pas née, détail malheureux qui invalidait ma candidature et mon billet gagnant. Ma disqualification mettait en évidence un problème structurel : pourquoi, au XXIe siècle, les gens sont-ils encore caractérisés par leur lieu de naissance ? Pourquoi les nations auraient-elles le dernier mot sur notre identité ? Qu'en est-il de ces rumeurs selon lesquelles la Terre serait plate et l'État-nation, dépassé ?

Quelques mois plus tard, j'ai reçu un courriel m'invitant à une conférence sur la « citoyenneté mondiale ». Le message venait de A Small World, un réseau social exclusif réservé à la jet-set, un de ces sites web où des banquiers italiens vivants à Singapour discutent des mérites de la dernière flotte de Gulfstream et des pièges à éviter dans les relations amoureuses intercontinentales. J'avais déjà repéré ce coup de marketing relativement odieux et relégué ce portail aux oubliettes, jusqu'à ce que, par un après-midi tranquille au boulot, ce fameux courriel s'échappe inexplicablement de mes indésirables pour se faufiler dans ma boîte de réception.

C'est l'expression « citoyenneté mondiale » dans le sujet du message qui a attiré mon attention. Croyant que la conférence aborderait certaines de mes questions, ou du moins qu'elle pourrait offrir une version cohérente de ce que signifie être mondial, j'ai cliqué sur le lien. Ce que j'y ai trouvé n'avait rien d'un examen de conscience philosophique. La conférence sur la citoyenneté mondiale était en fait un événement commercial sur l'art d'acquérir, de vendre et de renoncer à sa nationalité. Une stratégie parfaitement légale et honnête, nous assurait-on, pour voyager avec plus de liberté, payer moins d'impôts, fuir son gouvernement et, de façon plus générale, avoir un plan B au cas où une crise éclaterait au bercail. Pour ajouter à l'intrigue, ce négoce était apparemment mené par une poignée de sociétés privées qui aidaient des pays pauvres comme Saint-Kitts-et-Nevis et la Dominique à vendre leur nationalité aux riches de Russie, de Chine et du Moyen-Orient. L'une de ces sociétés se servait du réseau A Small World pour atteindre son marché cible.

Les personnalités que j'ai rencontrées à la conférence m'ont fascinée : le courtier de passeports suisses qui prêche l'évangile de la citoyenneté mondiale à un public d'avocats fiscalistes guindés ; l'ex-Américain aux cinq passeports qui vit à bord du *World*, un paquebot de croisière transportant ses résidents sur les sept mers ; le président de A Small World lui-même, un grand roux barbu qui a fréquenté le même pensionnat que certains de mes amis dans les Alpes suisses et fait désormais le tour du monde pour présenter Saint-Kitts comme le nouvel endroit prisé pour acheter un deuxième passeport. Sans surprise, j'ai appris que, dans les Antilles, certains de ces intermédiaires sont surnommés les pirates des Caraïbes.

Le plus grand triomphe de l'État-nation moderne a été de convaincre les masses qu'un statut conféré arbitrairement à la naissance n'est en fait *pas* à vendre et qu'il mérite qu'on le défende jusqu'à la mort. Dans son ouvrage fondamental, *L'imaginaire national*, le politologue Benedict Anderson a écrit : « Indépendamment des inégalités et de l'exploitation qui peuvent y régner, la nation est toujours conçue comme une camaraderie profonde, horizontale [...]. En définitive, c'est cette fraternité qui, depuis deux siècles, a fait que tant de millions de gens ont été disposés, non pas tant à tuer, mais à mourir pour des produits aussi limités de l'imagination[2]. » Ce qu'indiquait la conférence, c'est que la camaraderie a cédé la place au commerce, et que la citoyenneté, à la fois nationale et mondiale, est en train de devenir un produit de luxe. La distance émotionnelle et physique que je ressens par rapport à « mes » pays n'est pas unique ; tels des navires battant pavillon de complaisance, de plus en plus d'individus ont une nationalité de complaisance, et un nombre grandissant de pays offre de les en accommoder.

Au XXIe siècle, la citoyenneté est différente, changeante et interchangeable ; de nouvelles crises ont fait exploser les anciennes mythologies du pouvoir national et ont emporté au passage les allégeances individuelles. Un article publié dans le magazine *Politico* en 2015 explique comment certains citoyens britanniques, craignant que la Grande-Bretagne ne quitte l'Union européenne, se sont précipités

---

2. Benedict Anderson, *L'imaginaire national. Réflexions sur l'origine et l'essor du nationalisme*, Paris, La Découverte, 2002.

pour obtenir la citoyenneté d'autres pays membres de l'Europe, afin de continuer à vivre et à travailler à Bruxelles. «Au pire, je vais devoir épouser (sic) ma partenaire des 20 dernières années, parce qu'elle a un passeport irlandais», y déclare un ressortissant britannique. «Une autre solution serait de devenir belge, ce qui ne m'embêterait pas. En fait, j'aimerais bien être belge.» (Le romantisme, au moins, ne connaît aucune frontière.)

La citoyenneté mondiale telle que je l'ai découverte en assistant à ce genre d'événements commerciaux ne s'applique qu'à un très petit groupe : non pas le 1 %, mais bien le 0,1 %. Je pourrais me procurer un passeport de Saint-Kitts pour la modique somme de 250 000 dollars. Après cette immersion dans le monde opulent des courtiers de passeports, toutefois, j'ai eu le sentiment que l'histoire de la citoyenneté au xxie siècle allait bien au-delà de quelques milliardaires en quête de leur prochain passeport.

Mon impression s'est révélée fondée : lors d'une conversation avec un ami à Dubaï, j'ai appris que le gouvernement des Émirats arabes unis venait de lancer un nouveau programme visant à offrir la nationalité aux *bidoun*, résidents des Émirats, apatrides et sans-papiers, considérés par la loi comme des immigrés illégaux. Mais voilà, la monarchie du golfe Persique ne leur donnait pas la citoyenneté émiratie ; elle leur avait plutôt acheté celle des Comores, cet archipel pauvre situé à quelques centaines de kilomètres de la côte est de l'Afrique et inconnu de la plupart de ses citoyens potentiels. Le marché conclu entre les Émirats et les Comores ne prévoyait toutefois pas l'installation des nouveaux citoyens dans l'archipel. Leur nouvelle nationalité comorienne n'existait, délibérément, que sur papier.

De quelle sorte de citoyenneté s'agissait-il donc? Qui avait pu mettre sur pied un tel plan? À combien s'élevaient les sommes échangées en vertu de l'entente, et que pensaient les *bidoun* d'être soudainement «devenus» comoriens? Cette histoire semblait révéler que le marché des passeports haut de gamme débordait et faisait bien plus qu'aider une poignée d'expatriés nantis. Elle indiquait aussi que des gouvernements répressifs avaient trouvé une solution clé en main pour régler leurs problèmes de citoyenneté et, par le fait même, pour manipuler leurs populations de second ordre. Cette dernière hypothèse a été confirmée: j'ai appris, peu de temps après, que l'un des bénéficiaires de cette citoyenneté avait été déporté en Thaïlande pour s'être opposé publiquement aux autorités. Je l'ai localisé à London, en Ontario, où il avait obtenu le statut de réfugié. Après avoir passé sa vie comme non-citoyen apatride des Émirats, il était devenu lui aussi un citoyen du monde, mais malgré lui.

Les «citoyens du monde» qui achètent leurs papiers dans les paradis fiscaux des Caraïbes sans jamais y mettre le pied et les sans-papiers émiratis qui obtiennent la citoyenneté comorienne sans jamais pouvoir s'y rendre constituent deux extrêmes d'un même phénomène. Ils remettent tous deux en cause la validité du rapport entre l'homme et l'État. La citoyenneté mondiale est, en elle-même, une nouvelle forme d'apatridie.

Ce livre est un produit de cette apatridie, de l'impression d'être «du monde» sans vraiment y appartenir. Que devient la citoyenneté lorsqu'elle est détachée de tout engagement civil et identification politique, lorsqu'elle se transforme en commodité plutôt qu'en communauté? Qu'est-ce qui est mis en jeu, quand les membres d'une communauté ne ressentent plus de liens d'affinité ni de loyauté envers un lieu? Comment interpréter le fait que les riches puissent se déplacer librement d'un pays à l'autre et jouir du monde «sans frontières» promis par la mondialisation, tandis que les pauvres qui essaient de traverser ces mêmes frontières échouent s'ils n'y laissent pas tout simplement leur peau?

Qui parmi nous a la chance de pouvoir devenir «mondial»? Je crois que les histoires racontées dans cet ouvrage apportent un début de réponse.

Prologue

OCTOBRE 2008 : 11 diplomates de l'archipel des Comores quittent leurs villages respectifs pour se rendre à un petit aéroport secondaire, non loin de la capitale. Là, sur la piste qui surplombe l'océan Indien, les attend un jet privé qui les emmènera au Koweït. La route qui les a conduits jusque-là est l'une des plus longues de l'archipel – les quelque 20 kilomètres longeant la falaise de la côte ouest de l'île sont bordés d'arbres à pain, de manguiers et d'ananas, mais aussi parsemés de nids-de-poule et de rebuts de toutes sortes. Les Comores sont le premier producteur mondial d'ylang-ylang, cette fleur prisée pour la fabrication de parfums haut de gamme. Le long de la route menant à l'aéroport, la flore luxuriante, jumelée à l'absence d'un système adéquat de collecte des ordures et au climat tropical, crée une expérience olfactive unique : moitié déchets fumants, moitié Chanel N° 5.

En ce jour clément, à l'autre bout du monde, les dirigeants des banques centrales se débattent pour sauver l'économie mondiale : l'indice Dow Jones traverse la pire semaine de son histoire. Le souci des délégués comoriens en route vers l'aéroport est aussi l'argent, mais pas celui de type abstrait qui apparaît dans les cours de bourse et les états financiers. Leur pays est complètement fauché et l'a toujours été, du plus loin qu'ils se souviennent. Aux Comores, le produit intérieur brut annuel par habitant est de 740 dollars cette année-là, et l'année précédente, la croissance économique moyenne se chiffrait à seulement 0,8 %. Le pays est en négociations avec le Fonds monétaire international (FMI) et la Banque mondiale afin d'être admis à un programme d'allègement de la dette conçu pour aider les pays les plus défavorisés[1]. En effet, 45 % de la population comorienne vit sous le seuil de la pauvreté, l'état des infrastructures est effroyable et l'eau courante est une rareté. Aux Comores, les installations les plus rudimentaires font défaut, même dans les édifices parlementaires, où les politiciens se heurtent quotidiennement à des pannes de courant. L'électricité, dans les salles qui en sont dotées, ne fonctionne que quelques heures à la fois, les bons jours ; en tout, seulement 60 % des résidents de la plus grande île de l'archipel, Grande Comore, ont accès à l'électricité[2]. À Anjouan, la deuxième île en importance, ils ne sont que 50 %, tandis que sur la petite île de Mohéli, seulement 20 % de la population peut s'éclairer une fois la nuit tombée.

Ainsi, les raisons qui motivent ce voyage au Koweït sont économiques. Plus tôt cette année, des hommes d'affaires

---

1. FMI, « Le FMI et la Banque mondiale annoncent que les Comores peuvent commencer à bénéficier d'un allègement de la dette », communiqué de presse n° 10/266, 29 juin 2010, www.imf.org/external/french/np/sec/pr/2010/pr10266f.htm.

2. Groupe de la Banque africaine de développement, « Projet d'appui au secteur de l'énergie : Union des Comores », rapport d'évaluation, août 2013, www.afdb.org/fr/documents/document/comoros-energy-sector-support-project-appraisal-report-33471.

arabes ont fait une proposition au gouvernement comorien : et si les Comores se mettaient à vendre leur citoyenneté pour renflouer les coffres ?

Les messieurs venus des Émirats ont expliqué que les passeports étaient très prisés au Moyen-Orient, aussi bien pour les plus riches qui souhaitent acquérir une deuxième ou une troisième nationalité pour faciliter leurs déplacements et les affaires à l'étranger, que pour les *bidoun*, un mot qui veut dire « sans » en arabe et qui sert à désigner ceux à qui l'on a refusé la citoyenneté dès la naissance de la nation. Certains pays de la région seraient même prêts à payer cher pour une grande quantité de passeports comoriens pour les *bidoun*, ont affirmé les hommes d'affaires. Il suffirait aux Comores d'adopter une loi autorisant ce type de transaction, puis d'imprimer des passeports, tout simplement.

Le président comorien de l'époque, Ahmed Abdallah Sambi, et son vice-président, Idi Nadhoim, trouvent l'offre intéressante. Tout cet argent pourrait servir à réparer les routes, ramasser les ordures, acheter du carburant et construire des infrastructures qui manquent cruellement. Un pays indigent comme le leur ne peut se permettre de jouer les âmes nobles pour quelques bouts de papier. Il faut savoir se contenter de ce que l'on a.

Les parlementaires, eux, ne voient pas l'offre du même œil. Ils l'assimilent à un pacte faustien. Vendre sa citoyenneté à d'illustres étrangers ne revient-il pas, d'une certaine manière, à leur vendre une partie de l'âme du pays ? À l'issue d'une session fort animée en juillet 2008, le Parlement rejette le projet de loi sur la « citoyenneté économique », concluant qu'il équivaut à vendre sa nationalité au plus offrant.

Deux mois plus tard, d'autres hommes d'affaires arabes proposent d'organiser une mission exploratoire dans les pays du Golfe, toutes dépenses payées. Heureux hasard, ce voyage a lieu quelques jours avant la prochaine session parlementaire. Six des plus fervents opposants au projet de loi sont invités.

C'est un homme aux yeux tristes qui dirige la délégation, Ibrahim M'houmadi Sidi, vice-président du Parlement. Connu pour être le roi de la sincérité calculée, Sidi, qui deviendra professeur à l'université comorienne, est alors un membre de l'opposition. Il habite dans une maison délabrée au toit de tôle, en plein cœur de Moroni, la capitale, avec sa femme et leur bambin ; garée devant chez lui, sa voiture tombe en morceaux et il n'a pas les moyens de la faire réparer.

Aboubacar Saïd Salim, le secrétaire général du Parlement, fait également partie de la délégation, malgré son dégoût initial pour l'ensemble du projet. Intellectuel autoproclamé, il a perdu son dernier roman à cause d'un problème d'ordinateur. Il considère ce voyage comme un devoir civique et part avec la ferme intention d'absorber le plus d'informations possible afin de les relayer au Parlement.

Abdou Mouminé, le président de la commission des finances du Parlement, décide de les accompagner parce qu'il veut ouvrir l'archipel au reste du monde et encourager les étrangers à investir, peu importe comment : « Notre pays est une bombe à retardement », me confiera-t-il en entrevue. « Notre université produit des chômeurs en permanence. Si ces jeunes Comoriens ne trouvent pas d'emploi, ce sera l'explosion. »

Houssamou Mohamed Madi est l'un des trois représentants du voyage qui ne se sont pas encore formellement prononcés sur la question ; comme il maîtrise l'arabe et le français, il est embauché comme interprète. Quelques années plus tard, il obtiendra un poste de fonctionnaire au ministère de la Justice. Madi est un homme nerveux et facile à intimider, qui a tendance à bégayer et sue abondamment lorsque mis sous pression. Il tente de publiciser officiellement la mission, mais se heurte au refus de ses supérieurs, qui « craignent que le fait qu'un grand nombre se voient donner la nationalité ne soulève la controverse », se souviendra-t-il par un soir d'orage de novembre 2014, en essayant de colmater une fuite menaçante dans le plafond de son bureau.

Parmi les délégués se trouve également Saïd Mohamed Sagaf, un distingué monsieur plus âgé qui a été ministre des Affaires étrangères pendant un an et qui multipliera les voyages de ce genre au sein d'une association appelée l'Amicale Comores-Koweït. « [Les hommes d'affaires] ont fait beaucoup de bruit à propos de cette offre, racontera-t-il. Ils ont fait miroiter toute sorte de promesses impossibles. Nous voulions voir de nos propres yeux. »

À l'aéroport, les délégués n'ont pas à poireauter pendant des heures pour enregistrer leurs bagages, chose pourtant inévitable d'habitude, et ce, même quand il n'y a que 12 personnes en file et quatre employés au comptoir. Sans passer par le contrôle des passeports ni subir, en nage et dévorés par les fourmis qui infestent les coins sales du bâtiment, l'inspection réglementaire, ils sont déjà dans l'avion, confortablement assis et prêts à décoller. C'est incroyable, ce que l'argent peut faire.

À mesure que l'avion s'élève, les hommes voient leur pays depuis le ciel, ses vallons gonflés d'arbres à pain qui verdoient à longueur d'année grâce au fertile sol volcanique.

Un pâle anneau de sable, moucheté de pierres d'un noir cendré, entoure l'île ; en son centre s'élève le Karthala, un des plus gros volcans actifs de la planète.

Vues du ciel, les Comores collent à tous les clichés de l'île paradisiaque. L'archipel n'a rien à envier à l'île Maurice, à La Réunion ou aux Seychelles, ces destinations qui attirent des centaines de milliers de touristes chaque année. Pourtant, sur la terre ferme, toute cette beauté naturelle n'a mené les Comores nulle part. Rares sont les gens qui en ont entendu parler, et ceux qui les connaissent ont du mal à croire qu'il s'agisse vraiment d'une nation souveraine. Le seul exploit du pays, c'est la vingtaine de putschs qui y ont été perpétrés par des mercenaires étrangers depuis l'indépendance[3]. L'Union des Comores est même surnommée, dans les milieux internationaux, « Cloud Coup-Coup land », une expression qui se moque des nombreux coups d'État irréalistes et absurdes qui y ont eu lieu. Mais qu'est-ce qui peut bien expliquer le fait que les Comores continuent à se classer parmi les nations les plus pauvres du monde ? « Qu'est-ce que nous faisons de mal ? » se demandent les délégués dans l'avion.

---

3. Claire Soares, « Revolution! Another Coup in the World's Most Unstable Country », *The Independent*, 26 mars 2008, www.independent. co.uk/news/world/africa/revolution-another-coupin-the-worlds-most-unstablecountry-800608.html.

Chapitre 1

Les îles de la lune

Six heures plus tard, l'avion entame sa descente vers la capitale du Koweït. À bord, les passagers sont repus et reposés, au terme d'un vol tout en douceur et grâce à un service impeccable. Le paysage qui les attend au sol contraste radicalement avec celui de leur archipel natal : une grille aride d'édifices ternes, parsemée de gratte-ciel qui trônent çà et là avec leurs étincelantes façades de verre et d'acier. Au loin, des champs de pétrole, les immenses tours noires des raffineries, le golfe Persique, et des kilomètres de sable, à perte de vue.

Sur la terre ferme, les passagers sont accueillis par un grand homme chauve à la poignée de main vigoureuse et au sourire Colgate. Ses vêtements occidentaux le distinguent des autres Koweïtiens, qui portent plutôt la robe blanche et le keffieh traditionnels. Il salue les Comoriens dans un français irréprochable. Ceux-ci n'ont besoin d'aucune présentation : l'homme est une personnalité si importante à Moroni que son nom est sur toutes les lèvres – les flâneurs le chuchotent à tous les coins de rue, les secrétaires le murmurent entre elles dans les locaux du gouvernement et les chauffeurs de taxi le maudissent sur les routes cahoteuses.

Il s'appelle Bachar Kiwan, homme d'affaires franco-syrien basé au Koweït, chef d'un groupe médiatique et ancien consul honoraire des Comores. C'est son équipe qui a soumis au président Sambi la proposition d'octroi de citoyenneté économique, et depuis quelques mois, lui et ses associés – pour la plupart, de jeunes hommes libanais et syriens – sont connus comme le loup blanc à Moroni, avec leurs rutilants véhicules, leurs festins importés du Moyen-Orient, leurs montres clinquantes et leurs polos criards. Kiwan lui-même séjourne à Moroni environ une fois par mois, multiplie à sa guise les allées et venues dans les édifices gouvernementaux et organise des fêtes au très chic (selon les standards comoriens) hôtel Itsandra, que son entreprise finira par gérer.

Le fait que Kiwan et le citoyen comorien moyen puissent tous deux admirer la même lune et les mêmes étoiles qui brillent dans le ciel de Moroni ne fait que souligner l'inégalité de la distribution des richesses de l'économie mondiale. Les Comoriens sont les orphelins d'une époque révolue, abandonnés, effrayés et perdus ; Kiwan est un enfant de la mondialisation, un agent libre, un homme sans pays. Né au Koweït de parents syriens, il a fait ses études à Montpellier, dispose d'une double nationalité et parle trois langues – l'arabe, le français et l'anglais, en plus de maîtriser parfaitement le vocabulaire des « perturbations », des « impacts » et des « innovations » du monde des affaires.

Avant de s'intéresser aux Comores, Kiwan a fait fortune grâce à Al Waseet International, un groupe médiatique et publicitaire présent au Moyen-Orient et en Europe de l'Est.

Selon la légende de l'entreprise, il aurait publié son premier journal de petites annonces au Koweït au début des années 1990 avec seulement 5 000 dollars en poche. Al Waseet – « le médiateur » en arabe – emploie aujourd'hui plus de 4 000 salariés dans une douzaine de pays, ce qui a valu à Kiwan d'être comparé à nul autre que Rupert Murdoch dans un magazine allemand[1], et d'avoir une réputation de requin de l'industrie.

Au fil des ans, Kiwan a su mettre à profit son charisme et son sens des affaires. Il ne se contentait pas de se lier d'amitié avec des gens influents ; il faisait des affaires avec eux. L'un de ses tout premiers associés, le cheikh Sabah Jaber Moubarak al-Sabah, fils de l'actuel premier ministre du Koweït est celui qui a permis à Kiwan d'accéder à la haute société koweïtienne. Sabah a siégé notamment au conseil d'administration d'Al Waseet, en plus de soutenir un certain nombre des initiatives de Kiwan. Cette alliance a procuré à Kiwan une crédibilité instantanée. « C'était le garant de Bachar, sa caution morale », selon Mansur Muhtar, un vieil ami de Kiwan aux Comores. « Bachar pouvait approcher n'importe quel investisseur aux Comores ou ailleurs et dire qu'il travaillait avec le gouvernement du Koweït. »

En Syrie, son partenaire d'affaires de longue date était Majd Suleiman, le fils de l'ancien chef des renseignements syriens, Bahjat Suleiman qui, selon un rapport du service de recherche du Congrès américain, serait un membre de la

---

1. Clemens Recker, « Rupert Murdoch of the Comoros », *zenith-BusinessReport*, n° 2, 2011, www.zenithonline.de/fileadmin/downloads/BusinessReport_abo_english/zBusinessReport_02_11_EN_web.pdf.

garde rapprochée de Bachar el-Assad[2]. Ensemble, Kiwan et Suleiman ont fondé la United Group, une entreprise médiatique cotée en bourse, affiliée à Al Waseet International, et qui publie des titres favorables au régime d'Assad. Kiwan est ensuite devenu président d'une organisation commerciale sise au Koweït, le Syrian Business Council, ce qui lui a permis de tisser des liens étroits avec des dirigeants d'entreprises multinationales et des dignitaires étrangers. Son charme était à la fois agréable et hautement efficace. À ce sujet, Muhtar ajoute : « Les gens le rencontraient et avaient leurs propres opinions, mais après lui avoir parlé, tout le monde adoptait ses idées tellement il était convaincant. Il sait vraiment comment vendre ses projets. »

Au Koweït, Kiwan habitait la capitale, dans le quartier huppé de Messila. Il était marié à Angélique, une magnifique Française qu'il avait rencontrée pendant un voyage de ski lorsqu'il était à l'université, et avec laquelle il a eu un fils, Jad.

Malgré tout, à l'approche de son 43e anniversaire, Kiwan s'est heurté à ce que l'on pourrait appeler un plafond de sable. Kiwan était un expatrié résidant au Koweït et ne souhaitait pas devenir un citoyen naturalisé. Non seulement les draconiennes lois migratoires koweïtiennes rendaient-elle la naturalisation pratiquement impossible, mais elles refusaient même aux rares « nouveaux » Koweïtiens le droit de vote et les exposaient en permanence au risque d'être déchus de leur nationalité aux moindres caprices du gouvernement.

---

2. Jeremy M. Sharp, « Syria: Issues for the 112th Congress and Background on U.S. Sanctions », rapport n° RL33487, Congressional Research Service, 21 juin 2011, http://fpc.state.gov/documents/organization/167964.pdf.

Il y a des privilèges que Kiwan n'a pas eus à la naissance et que le travail, l'ambition ou l'entrepreneuriat ne pourront jamais lui donner. Bien sûr, il était capable d'influencer certains des plus grands noms au Koweït, mais il ne pouvait diriger l'orchestre que dans une certaine mesure, et seulement depuis les coulisses.

Aux Comores, cependant, il n'y avait pas ce genre de règles.

*

*   *

Pour bien saisir l'attrait que peuvent avoir les Comores aux yeux d'un étranger avide de pouvoir, et pour comprendre davantage pourquoi l'archipel est aussi ouvert aux initiatives de ce type d'étrangers, il faut d'abord tenir compte de l'héritage de Bob Denard, mercenaire qui aurait inspiré le roman *Les chiens de guerre* de l'écrivain britannique Frederick Forsyth. Né Gilbert Bourgeaud près de Bordeaux en 1929, Denard était un officier de l'armée française. Son aversion pour le communisme et son goût prononcé pour l'aventure l'ont conduit à participer, en tant que mercenaire, à plusieurs conflits sur le continent africain. Au Katanga, en Rhodésie, au Gabon, au Yémen, au Bénin, au Zaïre et en Angola, il a pris part à de nombreuses insurrections postcoloniales, allant même jusqu'à en diriger certaines, et prétendait avoir obtenu le soutien, certes tacite, du gouvernement français pour intervenir. Denard comparait son travail à celui des corsaires, ces pirates qui avaient l'autorisation des monarques pour piller les navires ennemis à l'époque des monarchies. « Les corsaires en France recevaient l'autorisation écrite du roi pour attaquer les navires étrangers, disait-il. Je n'avais pas pareille autorisation, mais je disposais de passeports qui m'étaient offerts par les services de renseignement nationaux[3].»

C'est en 1975 qu'ont débuté les aventures de Denard aux Comores. À l'époque, il habitait à Paris et l'envie de jouer du mortier s'était remise à le démanger. Il approchait de la cinquantaine et les univers chaotiques dans lesquels il avait l'habitude de mener ses activités se faisaient de plus en plus rares. La vie d'aventurier lui manquait cruellement.

Un jour, Denard reçut un appel de la part d'une de ses connaissances à Genève. Les Comores, expliqua son interlocuteur, avaient un problème : elles venaient de déclarer leur indépendance de la France, mais à peine un mois après son arrivée au pouvoir, leur premier président, Ahmed Abdallah, avait été destitué par un jeune socialiste, Ali Soilih, qui l'avait expédié à Anjouan. L'un des alliés de Soilih voulait avoir recours aux services de Denard pour se débarrasser définitivement d'Abdallah. Accepterait-il de les aider ?

Puisqu'il s'ennuyait comme un rat mort, Denard sauta sur l'occasion et fila vers les Comores. Ce qui l'attendait là-bas était un chaos quasi total – une chance de s'emparer du pouvoir comme il n'en avait jamais connu. Après des siècles de misère, d'instabilité politique et de colonialisme, l'Union des Comores était pratiquement dépourvue d'identité politique. Le petit archipel formait un pays, mais il aurait aussi bien pu en former trois, ou n'en former aucun. Iain Walker,

---

3. Marlise Simons, «Bob Denard, Hired Gun for Coups, Is Dead at 78», *The New York Times*, 16 octobre 2007, www.nytimes.com/2007/10/16/world/europe/16denard.html?_r=1.

chercheur à l'université d'Oxford, est l'auteur d'un article intitulé «What Came First, the Nation or the State? Political Process in the Comoro Islands» dans lequel il se demande ce qui est apparu en premier aux Comores, la nation ou l'État. Ses conclusions: «Il n'y a pas, à proprement parler, de nation ni d'État aux Comores.»

Encore aujourd'hui, les îles Comores sont un endroit oublié – trop petites pour figurer clairement sur les cartes du monde, trop pauvres pour avoir la moindre importance géopolitique, et trop isolées pour se qualifier à titre de véritable pays aux yeux de quiconque n'étudie pas la région. Le mot arabe pour désigner les Comores est *kamar*, ou «lune», un nom qui fait référence au ravissant ciel nocturne des îles, mais aussi au déconcertant sentiment d'isolement qui envahit la plupart de leurs visiteurs. On ne sait pas vraiment quels ont été leurs premiers habitants, mais on croit qu'elles ont été peuplées par les Malayo-Polynésiens aux IVe et Ve siècles, avant d'être colonisées par des Africains au VIIIe siècle. Depuis le XVe siècle, l'archipel a subi une influence arabe considérable, principalement grâce aux sultans shirazi qui gouvernaient plusieurs cités-États de la côte africaine et qui se sont installés sur les îles, important l'islam avec eux. En 1841, la France a pris possession de Mayotte, pour ensuite s'emparer du reste de l'archipel. Les Comores sont restées sous domination coloniale jusqu'à 1912 lorsque l'archipel a été rattaché à Madagascar.

Après la Seconde Guerre mondiale, les Comores se sont «affranchies» de Madagascar pour devenir un territoire d'outre-mer (TOM) français. Au cours des décennies suivantes, divers projets ont été esquissés pour obtenir l'indépendance des îles. Puis, pour la première et sans doute dernière fois de leur histoire, les autorités locales ont décidé de prendre de l'avance et ont organisé des élections nationales avant la date prévue, sans en informer la France. Du jour au lendemain, en 1975, Ahmed Abdallah est devenu le premier dirigeant indépendant du pays.

C'est ainsi qu'ont vu le jour les Comores telles qu'on les connaît aujourd'hui – mais elles sont nées du ventre colonial avec un membre en moins. Les habitants de la quatrième île de l'archipel, Mayotte, ayant décidé de s'abstenir du vote d'indépendance, sont restés sous la tutelle de la France. Cette décision des Mahorais (perçue par certains comme une conspiration menée par les Français) met encore les Comoriens dans tous leurs états : sur la route du port de Moroni, un grand panneau déclare que « Mayotte est comorienne, et le restera à jamais ».

Denard n'avait rien à faire de la politique locale ; il était aux Comores pour accomplir sa besogne. Il a donc débarqué à Anjouan, dans un avion rempli d'armes à feu automatiques et d'une misérable armée. Aidé de ces hommes comoriens, il a forcé Abdallah à fuir vers Paris. L'opération n'a fait qu'un mort : un proche de Soilih, accidentellement décapité d'un coup de machette.

Denard était officiellement de retour en affaires, mais il s'est vite rendu compte qu'avoir soutenu Soilih était une erreur stratégique. Avec la vie de débauche qu'il menait, le nouveau président s'est rapidement mis à dos la population largement musulmane. En quelques années à peine, le pays s'est mis à battre de l'aile. L'ancien président Abdallah, en exil à Paris, a alors senti qu'il avait le devoir d'intervenir. Il a donc fait appel au seul homme capable de faire bouger les choses : nul autre que celui qui l'avait chassé du pouvoir, Denard.

La mission, il faut bien le dire, n'était pas tellement difficile à accomplir. Denard et quelques-uns de ses camarades mercenaires européens ont accosté à Grande Comore à bord d'un grand chalutier. Ils se sont fait passer pour des scientifiques en voyage de recherche ; ils avaient avec eux un berger allemand noir et remorquaient un bateau chargé d'armes. Selon la légende, le 13 mai 1978, Denard aurait surpris Soilih ivre mort, au lit avec deux jeunes filles, et il l'aurait envoyé en prison où, 16 jours plus tard, l'homme a été assassiné par balle. Abdallah est revenu au pouvoir et a récompensé Denard en lui offrant la direction de la garde présidentielle, un poste privilégié qu'il occuperait pendant 11 ans.

Selon Denard, ce qui attirait les mercenaires dans la région de l'océan Indien était « surtout la perspective de participer à la création d'un nouveau pays », écrivit-il dans son journal. Walter Bruyère-Ostells, professeur à l'Institut d'études politiques (IEP) d'Aix-en-Provence qui a publié un livre sur Denard en 2014, raconte que celui-ci se prenait pour un nouveau Bonaparte arrivant en Égypte. L'auteur ajoute que depuis l'ère Denard, les Comoriens ont toujours accepté la présence continue de bonzes étrangers chez eux, comme s'il n'y avait rien de plus normal.

Denard a assuré la sécurité du président, engagé des recrues et les a formé aux méthodes des mercenaires. Il a dirigé également des initiatives de développement. Par exemple, il a réuni ses hommes afin de bâtir un système de collecte d'eau de pluie, et leur a enjoint d'expliquer à la population locale comment se servir des outils agricoles mécanisés qu'il avait mis en place. Pour ses activités commerciales, il a utilisé la garde présidentielle, qui est une instance semblable au Corps des gardiens de la révolution en Iran, soit dotée de pouvoirs politiques, publics et commerciaux. Lorsque l'Afrique du Sud s'est retrouvé sous surveillance internationale dans les années 1980, la garde présidentielle de Denard a transformé les Comores en centre financier offshore pour que les Sud-Africains puissent contourner les sanctions imposées à leur pays en raison de l'apartheid. Ceux-ci ont subventionné l'unité mercenaire de Denard et, en échange, ont pu faire transiter leurs capitaux par les Comores. Ils ont profité de ce système pour blanchir de l'argent et poursuivre leurs activités commerciales sans heurts, au diable l'embargo.

Denard est peu à peu tombé sous le charme de sa nouvelle terre d'accueil. À l'époque, il a raconté à la télévision française qu'il avait «l'intention de s'installer définitivement ici, en tant que Comorien à part entière». Il a changé de nom pour devenir Saïd Mustapha Mahdjoub et s'est converti à l'islam. (Cet homme aux multiples identités s'était précédemment converti au judaïsme, et serait finalement enterré dans un cimetière catholique.) Il épouserait au total sept Comoriennes qui lui donneraient des enfants.

En revanche, ce qui manquait à la relation entre Denard et les Comoriens, c'était la confiance : mercenaire un jour, mercenaire toujours. Les hommes de Denard, pour la plupart des Européens blancs qui défendaient avec véhémence des idéologies d'extrême droite, faisaient comme si la région leur appartenait. «La situation a dégénéré à un point tel que, dans les magasins, ils passaient devant tout le monde pour se faire servir en premier», a raconté un résidant à des journalistes français qui tournaient un documentaire sur Denard.

Le président Abdallah a vu venir les ennuis et, en 1989, il a ratifié un décret secret qui ordonnait le démantèlement de l'armée de mercenaires. Quelques heures plus tard, il succombait à une blessure par balle à la suite d'une mystérieuse altercation dans son bureau, à laquelle avait assisté Denard lui-même. Ce dernier a clamé son innocence, puis a été exfiltré vers l'Afrique du Sud par des parachutistes, après qu'un influent homme d'affaires français fut intervenu. Plus tard, Denard a été extradé en France afin de comparaître pour le meurtre d'Abdallah, mais les accusations ont été abandonnées et il a été acquitté.

Après son départ, les Comores ont entamé tranquillement un virage qui les a éloignées de la France et les a rapprochées de leurs confrères musulmans des pays du Golfe. Ça n'a pas été facile. À l'apogée de Denard, explique Iain Walker, « il y avait de l'argent – les Français et les Sud-Africains contrôlaient tout par procuration ». « La société fonctionnait bien, les routes étaient pavées. Aujourd'hui, l'état des lieux n'est pas aussi reluisant », ajoute-t-il lorsqu'interviewé.

Denard n'est revenu aux îles qu'en 1995, lorsque, nostalgique et déterminé à rétablir l'ordre, il a menacé de renverser un énième président, Saïd Mohamed Djohar. Cette fois-ci, son équipe était réduite : on ne comptait avec lui qu'une trentaine d'hommes, qui ont accosté à bord de petits bateaux pneumatiques. Et les Français ont contrecarré ses plans : ils l'ont arrêté et l'ont ramené en France une bonne fois pour toutes pour le traîner devant la justice. La plupart des accusations qui pesaient contre lui – le meurtre d'Abdallah, notamment, et la tentative de renversement du gouvernement de Djohar – ont cependant été abandonnées, faute de preuves et parce qu'il est décédé en 2007.

Les tribulations de Denard dans l'archipel nous servent en quelque sorte de mise en garde: les Comores sont un pays où règnent les hommes, pas les lois. Quiconque peut enfreindre, bafouer et braver toutes les lois qu'il veut, tant et aussi longtemps que l'homme du jour assure ses arrières.

*

*   *

L'histoire d'amour entre Bachar Kiwan et les Comores a commencé un an après la dernière tentative d'insurrection denardienne, lorsqu'il a visité l'archipel avec une délégation d'hommes d'affaires venus chercher des opportunités là où aucun de leurs concurrents n'avait jamais osé poser le pied. «J'ai découvert un pays vierge, qui sortait d'une petite guerre civile avec des mercenaires, me dirait Kiwan fin 2014. C'était le paradis sur terre.» Mais la décennie qui a suivi le départ de Denard a été tumultueuse et saturée d'agitation politique et, comme la constitution des Comores peut changer entièrement du jour au lendemain, le territoire était beaucoup trop dangereux, même pour le plus intrépide des hommes d'affaires – surtout s'il n'était pas armé.

Ce n'est qu'en 2005 que le président du moment, réélu en 2016, Azali Assoumani, a invité les hommes d'affaires du Golfe à revenir aux Comores pour reprendre le dialogue où ils l'avaient laissé. Cette fois, Kiwan a sauté sur l'occasion. Il est retourné aux Comores à deux, puis trois, puis quatre reprises, jusqu'à ce que ses séjours soient devenus mensuels. Il a présenté des personnalités éminentes du Golfe à leurs homologues comoriens, ce qui lui a permis de se faufiler subtilement au sein de la petite élite économique de l'archipel et de se renseigner sur l'octroi de permis bancaires, de télécommunications et d'aviation, ainsi que sur les contrats d'infrastructure. Il a signé un protocole d'entente avec les autorités comoriennes pour la mise en œuvre de projets ambitieux, notamment la création de la toute première banque commerciale du pays.

« Bachar croyait qu'il pouvait avoir une influence considérable dans ce pays », raconte un cadre supérieur du holding de Kiwan, qui a habité et travaillé à Moroni pendant quatre ans. « Le plus important à ses yeux, c'était d'avoir un accès direct au président et à son gouvernement. Il ne pouvait pas agir de la sorte ailleurs, dans d'autres pays, et c'est pour cela qu'il aimait autant cet endroit. Moi aussi j'avais la même impression. »

Comme l'ont ensuite expliqué des législateurs comoriens, à l'époque, Kiwan parlait sans arrêt de son associé, cheikh Sabah, ce qui plaisait beaucoup aux Comoriens, car ce dernier fait partie de la famille royale koweïtienne et passait pour un véritable prince à leurs yeux. « En théorie, un prince est quelqu'un de crédible qui traite avec de nombreux pays. Je me disais que s'il pouvait collaborer avec les pays occidentaux, on ne pouvait rien lui reprocher, et on devait le laisser travailler ici », me raconterait le président comorien Azali Assoumani. « Les princes sont des gens extrêmement cultivés ! Il était très jeune, très sympathique, très élégant et incroyablement intelligent. Je ne l'ai vu que deux fois, mais je l'ai tout de suite vu comme un homme sérieux qui n'avait pas peur de travailler dur. »

En 2006, Kiwan cherchait un allié parmi les candidats à la présidence. Il choisit Ahmed Abdallah Mohamed Sambi, un imam devenu vendeur de matelas et de parfums, un homme idéaliste et relativement nouveau en politique. Pour un étranger opportuniste comme Kiwan, tout en Sambi respirait la malléabilité, mais aux yeux du citoyen comorien moyen, celui-ci paraissait être le chef que les îles attendaient depuis longtemps. Il semblait honnête ; c'était un bourreau de travail qui habitait encore au-dessus de sa modeste boutique – à mille lieues de la débauche de Soilih. Sambi est originaire de l'île d'Anjouan, où les résidents affichent des tendances indépendantistes, mais ses discours parlaient de paix, de coopération et d'unité nationale. Malgré sa foi profonde et des études poussées en théorie politique islamique à Qom, en Iran, il ne manifestait aucune intention de transformer les Comores en théocratie. Pour un peuple qui pratique un islam que l'on pourrait qualifier de « sunnite et relâché », il s'agissait d'une perspective attrayante. « Je n'ai pas honte d'être musulman, mais notre pays n'est pas prêt à devenir un État islamique », a raconté Sambi à la BBC. « Je n'obligerai personne à porter le voile. » Malgré cela, aux Comores, on l'a surnommé « l'ayatollah ».

De toute évidence, et ses plus fervents détracteurs ne peuvent le nier, Sambi était terriblement charismatique. Son teint lumineux et hâlé et sa sérénité absolue lui donnaient davantage des airs de prophète que de politicien ; certains observateurs dans les milieux politiques des Comores disaient d'ailleurs qu'il se considérait lui-même de la sorte. Il portait une attention toute particulière à son apparence, préférant les flamboyants turbans de soie verte et les robes ivoire brodées d'or aux traditionnelles tuniques blanches austères et aux calottes brunes – semblables au fez, que les hommes comoriens portent habituellement. En plus de maîtriser le français et le dialecte comorien, il parlait un arabe lyrique et poétique qui donnait à ses discours sur le budget une allure de sermon religieux – un talent développé sans aucun doute pendant son séjour à Qom. « C'était une bête politique », raconte un professionnel du développement qui s'est entretenu fréquemment avec Sambi et a assisté à plusieurs de ses discours. « Dès qu'il apparaissait quelque part, tout le monde interrompait ses activités pour le regarder attentivement. Quand il parlait, on voulait croire chacune de ses paroles. »

« Lorsqu'on réussit à convaincre une population qui vit dans la misère que l'on peut, comme par miracle, résoudre tous les problèmes au pays, l'allégeance de cette population à notre égard se développe très rapidement », fait remarquer le chef d'État Azali, lui-même à l'époque dans la course à la présidence.

Sambi a donc remporté les élections de 2006 et, du jour au lendemain ou presque, Kiwan est devenu un habitué de Beit Salam, le palais présidentiel. « Bachar avait carte blanche. Il était *de facto* le premier ministre de Sambi », affirme en entrevue Mohamed Sagaf, ancien ministre des Affaires étrangères. « Le cuisinier de Bachar avait plus souvent accès au président que les députés », se remémore Houmed Msaidié, un proche allié du président Azali.

Kiwan et Sambi ont formé une équipe du tonnerre. De son côté, Sambi jouait les imams sages, forgeait des alliances avec ses confrères musulmans et accroissait la notoriété des îles en multipliant les apparitions médiatiques, pour lesquelles il était très doué. Kiwan, lui, négociait au nom des Comores à l'étranger. Il s'est révélé très habile : il a organisé de nombreux pourparlers entre le cabinet de Sambi et les politiciens et hommes d'affaires du Golfe, qui sont d'ailleurs venus aux Comores à plusieurs reprises pour participer à des négociations bilatérales. « Le grand handicap de Sambi, c'est qu'il n'avait pas le savoir-faire pour gérer un État, c'était un peu géré sans expérience, explique Kiwan. C'était surprenant, il recevait des délégations mais personne ne notait ce qui se disait lors des rencontres. » Autrement dit, Sambi avait besoin d'un gestionnaire, d'un conseiller, d'une *éminence grise*; Kiwan considérait son rôle comme nécessaire d'un point de vue logistique, mais il avait aussi de très grandes ambitions pour les Comores.

Ses projets étaient vraisemblablement plus audacieux que ce que le président pouvait imaginer. Kiwan m'a dit s'être inspiré de l'émir de Dubaï: « Le cheikh Mohammed ben Rachid est un grand visionnaire qui a transformé de fond en comble un pays de 60 000 habitants auparavant méconnu du reste du monde. Il n'a pas simplement changé son pays, il a changé la façon dont le monde entier conçoit le citoyen arabe. » Les Comores, à l'aube du XXIe siècle, étaient le Dubaï de Bachar Kiwan. Avant l'effondrement du système économique mondial, avant le Printemps arabe, avant l'éclatement de la bulle immobilière, il était dans l'esprit du temps de croire non seulement possible, mais probable, que Kiwan pouvait faire des Comores la nouvelle Hawaï du monde arabe. « Pour moi, c'était un pays où l'on pouvait faire autre chose, monter sa réussite, pouvoir dire plus tard qu'on avait participé au lancement d'un pays, affirme Kiwan. C'était le rêve d'être à la tête d'une société, un groupe, pionnier de l'investissement dans un pays où tout était à faire ou à refaire. C'était ça qui m'animait. »

En 2007, Kiwan est nommé consul honoraire des Comores au Koweït, une fonction assortie d'un passeport diplomatique à brandir lors de ses va-et-vient entre l'archipel et le Moyen-Orient. Entre deux rendez-vous, il traçait les grandes lignes d'un empire commercial comorien, élaborait des plans détaillés pour l'industrie du tourisme, le développement des infrastructures et le commerce, et faisait la promotion de ses projets auprès d'investisseurs par l'entremise d'une entreprise locale, la Comoro Gulf Holding (CGH). Selon Kiwan, la CGH aurait récolté plus de 100 millions de dollars auprès de ses amis et associés, et de ceux du cheikh Sabah au Koweït, mais des collègues de Kiwan à la CGH démentent cette affirmation. Le gestionnaire principal de la CGH évalue plutôt le montant collecté entre 10 et 15 millions, et affirme que la totalité des fonds provenait de Kiwan, et non d'investisseurs étrangers.

Un pays en aussi mauvais état que les Comores avait besoin de bien plus que de l'aide de quelques investisseurs privés. Un jour, lors d'une réunion au bureau de Sambi, Kiwan et le cheikh Sabah ont prodigué aux Comoriens quelques conseils pour développer leur économie et financer les projets d'envergure qu'ils caressaient pour le pays. On pouvait bien sûr demander de l'aide et se tourner vers le secteur privé pour des capitaux, mais il aurait été fort à propos d'offrir quelque chose en retour, un geste qui aurait montré aux investisseurs et aux pays arabes que les îles étaient prêtes à coopérer avec eux. La question qu'il fallait se poser : que possédaient les Comores que les autres pays n'avaient pas ?

La réponse n'était ni l'ylang-ylang, ni l'huile essentielle de clou de girofle, ni la vanille – les principales exportations des Comores. Ce n'était pas non plus le tourisme ; le monde comptait plus de plages qu'il n'en fallait pour accueillir les riches touristes arabes.

Il fallait trouver quelque chose que seul un petit pays reclus comme les Comores pouvait offrir, et que seule une monarchie du Golfe pouvait vouloir.

La réponse : des passeports. Beaucoup de passeports.

Chapitre 2

Une solution clé en main

L'IDÉE QU'UN PETIT PAYS comme les Comores puisse aider un colosse économique ivre de pétrole à résoudre un problème tel que l'apatridie date d'avant le projet de Kiwan. Une entente semblable aurait été lancée pour la première fois en 1997 sous le gouvernement du président Mohamed Taki Abdoulkarim, selon les dires de Mohamed Kalim Mze, un ancien secrétaire d'État qui porte maintenant le titre pour le moins suspect d'« ambassadeur itinérant ». Mze aurait mené des pourparlers avec un diplomate koweïtien à Johannesburg sur la possibilité d'établir un programme de citoyenneté, et a prétendu que des contrats détaillés auraient même été rédigés à l'époque, mais le président Taki est décédé peu de temps après et le projet a sombré dans l'oubli.

Finalement, il a fallu un homme de la trempe de Kiwan pour concrétiser un programme d'échange de citoyenneté aussi colossal. Si, à son époque, Denard était l'intermédiaire idéal pour fournir des services offshore aux régimes voyous, Kiwan offrait des solutions clé en main pour résoudre les problèmes internationaux, et de plus, il les livrait avec un vernis de sagesse et de légitimité – c'était un « homme de Davos », en quelque sorte. Il avait compris, de manière intuitive, les mouvements géopolitiques qui faisaient en sorte que le moment était venu pour une telle transaction ; son mode de vie jet-set, son expérience dans l'industrie médiatique, et son vaste réseau d'amis, de partenaires et de connaissances l'avaient sans doute aidé à développer cette intuition.

Comme il l'explique, Kiwan a noté une augmentation de la demande, au sein des classes moyenne et riche de la région du Golfe, pour des passeports secondaires. Ayant lui-même obtenu la nationalité française après avoir vécu à Montpellier et épousé une Française, il savait pertinemment qu'il est beaucoup plus facile de voyager et d'effectuer des transactions commerciales avec un passeport européen qu'avec, comme dans son cas, un passeport syrien. Avec ses papiers européens en poche et son accent impeccable, il n'était plus Bachar, l'entrepreneur sournois du Moyen-Orient aux fréquentations douteuses. Il devenait M. Kiwan : père, époux et chef d'entreprise respectable de Montpellier. En effet, une deuxième nationalité, permet non pas tant de devenir quelqu'un d'autre, mais surtout de pouvoir présenter différents visages selon les circonstances ; un peu comme avoir une deuxième tête.

« Les gens qui vivent sous un régime répressif sont marginalisés du reste du monde et caressent l'espoir d'obtenir une deuxième nationalité. Leur rêve est de devenir américain, australien, ou canadien, me raconte Kiwan. Mais il existe également des pays comme les Comores, dont les passeports offrent peu d'avantages, mais facilitent néanmoins la vie de beaucoup de gens. » À l'époque, il y avait parmi ces pays une poignée d'États caribéens qui vendaient volontiers des passeports aux étrangers nantis, sans oublier pratiquement tous les principaux pays occidentaux qui offraient des programmes accélérés d'accès à la citoyenneté grâce aux visas pour investisseurs.

À force d'observer les richissimes collectionneurs de passeports au Moyen-Orient, Kiwan a aussi pris conscience de la détresse des *bidoun* aux quatre coins de la péninsule arabique, et il a constaté que les gouvernants de la région – principalement le Koweït et les Émirats arabes unis – cherchaient un moyen de donner des papiers à leur population apatride. Depuis une dizaine d'années, les organisations de défense des droits humains réprimandaient ces pays et leur enjoignaient de résoudre le problème de ces habitants sans statut[1]. Les *bidoun*, eux, réclamaient une représentation politique, mais les gouvernements auxquels ils adressaient leurs revendications refusaient de leur accorder la citoyenneté koweïtienne ou émiratie sous prétexte que le processus serait coûteux et trop risqué sur le plan politique. Les autorités voulaient une solution clé en main, plus imaginative, qui corresponde au principe de l'offre et la demande. Si un autre pays acceptait de naturaliser les *bidoun*, tout le monde y trouverait son compte.

En tant qu'intermédiaire, Kiwan allait lui aussi recevoir sa part de gâteau. Il s'est donc choisi des partenaires : le ministre émirati de l'Intérieur, Saif ben Zaïd al Nahyan, et son chef de cabinet, le général de division Nasser Salem

---

1. Refugees International et Open Society Justice Initiative, « Without Citizenship : Statelessness, Discrimination and Repression in Kuwait », rapport, 2011, www.opensocietyfoundations.org/sites/default/files/without-citizenship-20110512.pdf.

Lakhribani al-Naimi, manifestement soucieux d'accélérer le processus et pressé de conclure un marché. À l'époque, les Comores recevaient déjà de l'aide des Émirats pour divers projets. Dubai World, par exemple, cette société d'État qui a construit The World – un archipel de 300 îles artificielles pour la plupart inhabitées et qui forment une carte du monde au large de Dubaï –, avait annoncé un projet de restauration de Galawa Beach, une vieille station balnéaire comorienne administrée par des Sud-Africains, à quelques encablures de l'ancienne demeure de Bob Denard. Cette activité économique permettrait à Kiwan de faire son travail sans éveiller les soupçons. De toute façon, tout le monde ou presque au Moyen-Orient ignorait l'existence des îles Comores.

Les Émirats arabes unis se sont engagés à verser aux Comores 200 millions de dollars, puisés à même les caisses du gouvernement – l'équivalent du quart du PIB annuel comorien –, contre la naturalisation d'environ 4 000 familles *bidoun*. Ces chiffres proviennent de déclarations subséquentes faites par le président Sambi. Et, selon un ami koweïtien de Kiwan, les Émirats auraient remis à ce dernier un chèque de 105 millions de dollars afin qu'il mette le projet en branle.

Convaincre le président comorien d'adhérer au projet était ce qu'il y avait de plus facile : Kiwan et ses associés accordaient un appui indéfectible à Sambi depuis son premier jour au pouvoir, à tel point que le gouvernement dépendait plus de Kiwan que l'inverse. Ainsi, lors d'une pénurie de carburant, l'entreprise de Kiwan, le CGH, aurait prêté au gouvernement comorien entre trois et cinq millions de dollars pour lui permettre de continuer à faire rouler les moteurs. Début 2008, lorsqu'un colonel rebelle avait tenté de s'emparer du pouvoir à Anjouan, la CGH avait riposté en imprimant et en distribuant des affiches à l'effigie de Sambi avec le slogan « Père de l'unité nationale ».

La loyauté de Kiwan ne représentait cependant qu'une moitié de l'équation : le gouvernement de Sambi avait aussi désespérément besoin d'argent. Un télégramme du département d'État des États-Unis affirmait à ce sujet que Sambi, en arrivant au pouvoir, avait hérité « d'un trésor public vide et d'un arriéré considérable en salaires non versés aux enseignants et fonctionnaires ». Les chauffeurs de taxi multipliaient les grèves pour protester contre l'état lamentable des routes, et les employés des hôpitaux débrayaient, car « les fournitures essentielles comme l'oxygène [étaient] introuvables ». Dans un de ses discours, Sambie a expliqué qu'« accepter [l'entente de citoyenneté] allait de soi ; c'était la première fois qu'on pouvait aider un autre pays musulman. J'ai donné mon accord en sachant fort bien qu'une entente avec un pays aussi riche aurait de considérables retombées économiques ».

Dans un premier temps, Kiwan et Sambi devaient convaincre le Parlement de transformer l'accord en loi.

Le gestionnaire principal de la CGH m'a raconté qu'à son retour du Koweït, « Bachar a répété qu'il était essentiel pour les Émirats que cette nouvelle loi soit adoptée. Moi, je ne faisais que suivre les ordres. Alors on a réuni tous les députés qui avaient voté contre la loi, et on leur a concocté un petit voyage au Koweït ».

*

* *

Après avoir été accueillis par Kiwan à l'aéroport, les délégués ont été conduits en limousine jusqu'à un luxueux hôtel de la ville de Koweït pour s'y reposer. Les trois jours qui suivraient s'annonçaient chargés : réunions, soirées, activités touristiques et séances de travail pour faire le point sur ce qu'ils allaient apprendre. On leur avait d'abord promis une tournée dans toute la région du Golfe, mais les séjours au Qatar, en Arabie saoudite et aux Émirats arabes unis avaient été abruptement annulés « parce que les représentants que nous étions censés y rencontrer étaient partis en Europe pour fuir la chaleur », se rappelle Sidi, le chef de la délégation.

Personne ne sait pourquoi les Comoriens ont été invités au Koweït, alors que c'étaient les Émirats qui avaient signé l'entente pour les passeports au départ. Quoi qu'il en soit, cela ne faisait pas vraiment de différence pour les membres de la délégation : un apatride est apatride, peu importe le pays du Golfe où il habite. Et puis, une visite au Koweït tombait sous le sens pour plusieurs autres raisons. Les nombreux contacts de Kiwan dans son port d'attache lui permettaient d'impressionner facilement ses invités, et la société y était beaucoup plus ouverte qu'aux Émirats. De plus, les Émiratis souhaitaient peut-être garder l'entente sous silence et éviter de se montrer un peu partout en ville avec leurs amis venus de l'océan Indien.

En outre, Kiwan semblait nourrir de grandes ambitions pour les *bidoun* du Koweït. L'accord initial qu'il avait signé avec les Comores l'autorisait à jouer les intermédiaires avec tous les pays du Golfe, pas seulement les Émirats. Autrement dit, il pouvait être le médiateur d'une entente qui fournirait des passeports à plus de 100 000 personnes, et récolter les commissions en conséquence. Même si Kiwan nie encore aujourd'hui avoir eu de telles intentions, un de ses amis de longue date à qui il aurait expliqué ses plans plusieurs fois entre 2007 et 2011 a affirmé que c'était bien ce qu'il avait en tête depuis le début. Des études confidentielles de faisabilité financées par la CGH après la signature de l'accord avec les Émirats ont appuyé d'ailleurs cette hypothèse, tout comme les témoignages des délégués, qui se sont rappelé avoir spécifiquement parlé de passeports pour les *bidoun* du Koweït.

Des représentants du Koweït ont fait des promesses de richesse, d'investissements et de développement aux Comoriens. Kiwan leur a aussi présenté les projets touristiques qu'il voulait mener aux Comores, notamment la construction d'un luxueux village touristique sur la corniche qui mène à l'aéroport, avec équipement haut de gamme, spa et tout le reste.

Un soir, le cheikh Sabah – associé de Kiwan et fils de Jaber Al-Moubarak Al-Hamad Al-Sabah qui était à l'époque ministre de la Défense du Koweït – a invité les délégués comoriens à un somptueux repas. Au moment du dessert, il a offert à ses convives des ordinateurs portables, des montres et, aux dires de certains, des enveloppes remplies d'argent. «Sabah se fichait des Comoriens, il se moquait d'eux», selon un haut cadre de la CGH qui était présent autour de la table et qui s'est souvenu aussi que, du côté des Comoriens, «chacun avait ses requêtes, ils voulaient tous des faveurs différentes».

Il restait une chose à faire: rencontrer les *bidoun*. Les Comoriens n'avaient en effet jamais vu leurs futurs compatriotes. Qui étaient donc ces gens sans nation? Comment pouvait-on être né quelque part et ne pas avoir de patrie? Dans la salle de conférence d'un hôtel, les délégués se sont entretenus avec plusieurs hommes et femmes apatrides. Le cadre de la CGH se remémorerait ainsi la rencontre : « Je ne sais pas où il avait trouvé ces *bidoun*. Pour ce que j'en sais, ça pouvait aussi bien être le chauffeur privé de Kiwan et sa famille. Mais ça n'avait aucune importance pour les Comoriens. Ils voulaient seulement dormir, manger, s'amuser et faire les boutiques. » Avec l'aide d'un interprète, les *bidoun* ont expliqué leur situation aux délégués : pourquoi ils étaient apatrides, ce qu'ils faisaient dans la vie, les économies qu'ils avaient accumulées, et comment les Comores pouvaient les aider.

Le délégué Mohamed Sagaf, qui avait l'habitude de voyager pour négocier des investissements à titre de ministre des Affaires étrangères, fut sidéré par ce cours d'introduction à l'apatridie. Il m'a raconté ce qu'il avait vu : « Chaque pays a ses particularités, mais là, ça dépassait l'entendement. Ils nous ont expliqué que les *bidoun* sont un peuple du désert, des nomades, qui n'ont pas voulu s'installer dans les villes parce que leur mode de vie se résume au désert, aux chameaux, aux moutons… Alors quand les ancêtres ont refusé [de prendre la citoyenneté], leurs enfants en ont souffert. »

Mais ce qui a le plus étonné Sagaf, c'était que le Koweït ait refusé d'accorder la citoyenneté à un si grand pan de sa population autochtone. Ses collègues ne comprenaient absolument pas comment les *bidoun* pouvaient vouloir devenir citoyens des Comores.

Tout le monde a trouvé particulièrement étrange le récit de deux membres de la même famille, qui ont expliqué aux Comoriens que l'un d'entre eux était *bidoun*, tandis que l'autre avait la nationalité koweïtienne. En effet, cela pouvait se produire lorsque la citoyenneté était accordée par le mariage, ou lorsqu'un ancêtre s'était inscrit, mais qu'un autre en avait décidé autrement. Les Comoriens, par politesse, se sont bien gardés de tout commentaire. «On ne peut pas se permettre de juger un pays étranger, surtout un pays arabe, mentionne Sagaf. On ne peut pas leur dire que leurs façons de faire sont mauvaises et qu'ils devraient les rectifier.»

Tout au long du voyage, les délégués ont souvent été induits en erreur, s'ils n'ont pas tout simplement mal compris ce qu'on leur disait. Ibrahim M'houmadi Sidi m'a expliqué que «les *bidoun* n'étaient citoyens de nulle part, tout simplement parce que c'étaient des nomades qui vivaient dans le désert. Certains d'entre eux étaient devenus riches et voulaient voyager et envoyer leurs enfants étudier à l'étranger, ce qui requiert un passeport». Ce n'est pas tout à fait exact. Bien qu'il y ait effectivement quelques familles *bidoun* riches et influentes, la grande majorité d'entre elles sont pauvres en comparaison de la population citoyenne. En outre, la plupart des *bidoun* sont sédentaires aujourd'hui. On aurait aussi dit aux délégués que les *bidoun* qui recevraient la nationalité comorienne en vertu du plan proposé investiraient personnellement dans l'archipel, avant de recevoir éventuellement la nationalité du pays où ils résidaient. Encore selon le témoignage de Sidi, «l'entente prévoyait qu'ils bénéficieraient d'un passeport comorien de manière temporaire. Ainsi, ils pourraient s'enregistrer et, après quelque temps, obtenir leur vraie nationalité».

Autrement dit, l'entente a été vendue comme solution de dépannage pour riches investisseurs qui se trouvaient être apatrides, une perspective beaucoup plus alléchante que

celle d'accueillir un grand groupe d'étrangers. Par igno-
rance, affectée ou authentique, les Comoriens ont joué le
jeu. Chaque soir, Sidi rassemblait les délégués dans sa chambre d'hôtel pour discuter de ce qu'ils avaient appris pendant
la journée. « La délégation était unanime, tout le monde
s'entendait pour dire que le projet était important et qu'il
allait nous aider à consolider nos relations avec le Koweït. »

Voilà d'où est venue l'idée de « citoyenneté économique ». Les délégués ne voulaient pas permettre explicite-
ment la naturalisation des *bidoun*, mais ils étaient tout à fait
d'accord pour donner la citoyenneté « économique » à des
étrangers – une citoyenneté qui n'impliquait ni le droit de
vote ni le droit de résider aux Comores de façon permanente
– en échange d'« investissements » dans le pays. Ce concept
de citoyenneté économique s'appliquait à n'importe qui,
apatride ou détenteur de six passeports, que la personne
ait ou non l'intention de mettre pied sur l'archipel. Les
membres de la délégation se sont souvenu que Kiwan leur
avait dit qu'une trentaine de pays participaient déjà à des
programmes semblables, ce qui n'était qu'à moitié vrai :
des dizaines de pays, y compris les États-Unis et le Canada,
accordent effectivement des permis de travail et de résidence en échange de placements de capitaux, mais jamais
la citoyenneté.

Après avoir passé trois jours au Koweït, satisfaits des
renseignements qu'ils avaient recueillis, les Comoriens ont
bouclé leurs valises remplies de cadeaux et ont pris le chemin de l'aéroport. Une fois à bord de leur jet privé, toutefois,
ils ont eu droit à une dernière surprise. En route vers les
Comores, l'avion a fait escale à Dubaï, où on a conduit les
délégués au Burj Al Arab, célèbre hôtel sept étoiles en forme

de voile de bateau, le quatrième plus haut du monde. Tout en haut de l'édifice, une vaste suite leur avait été réservée. Les hommes étaient impressionnés – il n'y a pas d'ascenseurs aux Comores – et ont passé l'après-midi à se détendre et à faire les boutiques, aux frais de Kiwan.

Six semaines plus tard, ils se sont réunis à l'Assemblée nationale pour débattre du projet de loi sur la citoyenneté économique et passer au vote. Le texte de loi parlait simplement d'accorder des papiers aux « partenaires » des îles Comores, peu importe leur pays d'origine, à condition qu'ils n'aient pas de dossier criminel, ne soient pas affiliés à une organisation terroriste et ne menacent pas la cohésion sociale et culturelle du pays. En vertu du projet de loi, les nouveaux citoyens « naturalisés » obtiendraient un passeport, mais n'auraient ni le droit de vote ni celui de servir dans les forces armées ou de se présenter aux élections. Il s'agissait en quelque sorte d'une ruse qui permettait au pays de reconnaître ces citoyens sur papier sans toutefois leur accorder de véritables privilèges. « En bref, ces gens n'ont pas la citoyenneté comorienne, explique aujourd'hui Sidi. Les seuls droits qu'ils obtiennent sont d'avoir un passeport, d'investir aux Comores et, en cas de problème, de s'adresser au tribunal du pays. »

Puisque le projet de loi était sur toutes les lèvres à l'époque, le débat a été diffusé à la radio comorienne. Les échanges ont été si musclés que le président du Parlement, Dhoifir Bounou, a quitté la salle en claquant la porte. Il a vite été rejoint par une quinzaine d'autres députés, pour la plupart membres de l'opposition. Quant à Sidi, vice-président du Parlement et figure principale de l'opposition, il n'a pas bougé. C'est alors que la panne de courant quotidienne est survenue, et les députés restants ont poursuivi le débat à la lueur de quelques chandelles. Défiant la position de son propre parti et armé de quatre votes par procuration, Sidi a voté en faveur du projet de loi, comme les 13 députés restant. Une semaine plus tard, malgré le mécontentement de la population, la loi était officiellement sanctionnée par le président Sambi.

Chapitre 3

Cosmopolite malgré lui

A HMED ABDUL KHALEQ, blogueur devenu l'un des plus ardents défenseurs des droits des apatrides aux Émirats arabes unis, ne savait pratiquement rien des Comores lorsque, le 21 mai 2012, il est devenu citoyen du petit archipel. C'est un fonctionnaire à Abou Dhabi qui lui a remis son passeport, un moment dont il rêvait depuis toujours. Malheureusement, le pays d'émission du document n'était pas l'État émirati, où Khaleq était né et avait vécu sa vie entière ; le passeport ne venait pas non plus du Baloutchistan, ancienne province souveraine du Pakistan d'où ses ancêtres avaient immigré, des générations plus tôt. Jusqu'à ce jour de mai, Khaleq avait été apatride, ou *bidoun*, comme environ 100 000 personnes aux Émirats et plus de 15 millions d'autres partout dans le monde. Et du jour au lendemain, Khaleq s'est retrouvé lié à un petit archipel de l'océan Indien.

« Tout ce que je savais des Comores me venait des livres que j'avais lus sur les anciens explorateurs arabes, raconte Khaleq. Je ne m'imaginais pas devenir un jour citoyen de ce pays. » Khaleq, cet homme trapu à la mâchoire carrée, aux sourcils touffus et au menton fendu d'une fossette profonde, a donc feuilleté son nouveau passeport avec un mélange de frustration et de curiosité. Après une longue et déconcertante série d'événements, il avait cessé d'être une fiction juridique aux yeux du gouvernement.

La plupart des gens tiennent leur citoyenneté pour acquise; Khaleq, lui, en a été dépourvu dès la naissance. À Charjah, où il est né le 5 mai 1977, et dans la région d'Ajman où il a grandi, Khaleq n'avait pas remarqué qu'on le traitait différemment des autres. Il vivait avec sa mère, son père et ses six sœurs dans une grande maison de deux étages, six chambres et un jardin. Il était bon à l'école et travaillait dur. Il buvait du thé sur la plage avec ses amis, pêchait en mer et, lors des nuits fraîches dans le désert, se réchauffait les mains auprès de petits feux de camp. La vie était facile à l'époque, se souvient-il. Tout le monde se connaissait.

En grandissant, Khaleq ne se sentait pas apatride; il se sentait du coin. Il ne connaissait aucune autre communauté que la sienne. Ses familles maternelle et paternelle avaient émigré dans la région dans les années 1940 et 1950, fuyant l'instabilité politique qui menaçait leur Baloutchistan natal. Leur présence sur le territoire datait donc d'avant l'existence des Émirats arabes unis, fondés en 1971 lorsque les six émirats semi-autonomes d'Abou Dhabi, d'Ajman, de Dubaï, de Fujaïrah, de Charjah et d'Oumm al Qaïwaïn avaient déclaré leur indépendance de l'Empire britannique (un septième émirat, Ras el Khaïmah, avait rejoint la fédération en 1972, tandis que le Qatar et le Bahreïn, également invités à s'unir, avaient refusé). Avant l'unification, chaque émirat avait été dirigé par une famille royale différente; il n'existait donc au sein de la population aucun sentiment fédérateur de nationalisme émirati[1], pas plus qu'il n'y avait de déclaration de droits ou de liste de devoirs patriotiques. Pendant des siècles, la péninsule arabique avait été habitée par des tribus nomades et des marchands ambulants, ce qui, d'emblée, rendait absurde la déclaration selon laquelle certains résidents appartenaient plus que d'autres à un lopin de désert. Autrement dit, tout le monde aux Émirats était *bidoun*, jusqu'à ce que certains décident qu'ils ne l'étaient plus.

«Dans la société émiratie, les gens ordinaires ne faisaient pas de distinction entre eux», affirme Khaleq. Lorsqu'il parle de l'impasse dans laquelle il se trouve, sa voix oscille entre celle du militant passionné – confiant, déterminé et en colère, gesticulant avec force et vitupérant les autorités émiraties – et celle de l'orphelin, qui ne souhaite rien d'autre qu'avoir un endroit où vivre.

«Les gens savent généralement que ce n'est pas de leur faute si les *bidoun* se retrouvent dans cette situation. Ils ne peuvent pas me dire: "Tu es *bidoun* parce que tu es baloutche", car ils viennent souvent eux-mêmes d'ailleurs, de l'Arabie saoudite ou d'Oman par exemple, poursuit-il. C'est un problème créé par l'État.» (Certains *bidoun* sont d'origine bédouine, d'autres ne le sont pas. Les deux mots, bien que souvent confondus, ne sont pas synonymes.)

Noora Lori, spécialiste des mouvements migratoires dans la région du Golfe qui enseigne les relations internationales à l'université de Boston, explique qu'à la naissance de Khaleq, les structures administratives qui meneraient le

---

1. Neil Patrick, «Nationalism in the Gulf States», *Kuwait Programme on Development, Governance and Globalisation in the Gulf States*, n° 5, octobre 2009, http://eprints.lse.ac.uk/55257/1/Patrick_2009.pdf.

gouvernement à distinguer les autochtones des étrangers n'existaient pas encore. «Aux Émirats arabes unis, [la discrimination] dépend davantage de votre émirat d'origine, dit Lori. De plus, les familles éminentes ont été intégrées au récit de ce que devaient être les Émiratis, alors que d'autres familles étaient considérées d'une moindre viabilité. Les minorités et ceux qui venaient des petits émirats ont par conséquent été un peu exclus de la nouvelle société.» (Les motifs de discrimination varient de pays en pays ; au Koweït, on a parfois discriminé en fonction de l'affiliation tribale.)

En outre, le concept de nationalité était complètement inusité dans la région au moment où ces États se sont formés, et de nombreuses personnes qui sont apatrides aujourd'hui sont tout simplement passées entre les mailles du filet : ces gens n'ont pas pu s'inscrire au registre ou n'ont jamais été convoqués pour le faire. Nombre d'entre eux ne voyaient pas même l'intérêt d'obtenir un passeport. Certains étaient nomades, d'autres voyageaient souvent. Dans cette région du monde, c'était répandu comme mode de vie.

Le père de Khaleq, un fonctionnaire civil qui avait vécu toute sa vie sur le territoire actuel des Émirats, n'avait pas complété la démarche pour devenir officiellement citoyen du pays nouvellement fondé. L'idée de s'inscrire comme citoyen était en effet inédite pour lui. Après tout, il était né aux Émirats, y avait toujours vécu, et y travaillait même pour le ministère de l'Intérieur. Il ne voyait pas en quoi il pouvait avoir besoin de papiers pour prouver quoi que ce soit.

C'était une grave erreur qu'il n'a pas été le seul à commettre, d'ailleurs. À mesure que les Émirats devenaient un puissant État-nation, on a commencé à considérer les sans-papiers comme des étrangers et, par conséquent, à convenir qu'ils n'avaient pas leur place dans cette riche société pétrolière. Avec le temps, il devenait de plus en plus important de présenter une preuve officielle de citoyenneté pour bénéficier des services gouvernementaux. Les Khaleq avaient malheureusement manqué le train, et la douzaine de demandes de citoyenneté qu'ils ont remplies par la suite n'ont jamais abouti. Sans passeport, Khaleq n'a jamais pu traverser de frontière et a donc passé toute sa vie aux Émirats. Pour les *bidoun*, même les pèlerinages à La Mecque demandent un permis spécial (à 15 ans, Khaleq avait reçu une bourse pour y aller, mais il avait décliné l'offre dans un sursaut de rébellion adolescente, dit-il).

Selon Claire Beaugrand, qui étudie les migrations dans les États du Golfe à l'Institut français du Proche-Orient, le problème de l'apatridie remonte aux traditions régionales et à la fin du colonialisme. Après les déclarations d'indépendance dans la région, « le régime de libre circulation, de part et d'autre du golfe Persique et du désert d'Arabie du Nord, a été remplacé par un système de migrations régulées que les États modernes contrôlaient à l'aide d'outils légaux, comme la nationalité, les visas et les permis de résidence », écrit Beaugrand dans un article intitulé « Nationality and Migration Controls in the Gulf Countries ». En participant de plus en plus activement à un monde caractérisé par les recensements, les votes au Conseil de sécurité des Nations Unies et un développement industriel gavé de pétrole, les Émirats et leurs voisins ont adopté les traits des États-nations européens. Ils ont créé des structures qui faisaient la distinction entre les autochtones, les étrangers, les travailleurs invités et les illégaux, même s'il était absurde d'appliquer ces catégories à une population historiquement nomade et tribale, et à un territoire aux frontières encore fraîches.

L'identification nationale a ainsi fini par «remplacer la forme d'identification traditionnelle préexistante qu'était l'appartenance à une tribu, à un lieu de naissance ou à une activité professionnelle», selon Claire Beaugrand. «La population qui s'est retrouvée dans cet entre-deux [est devenue] la victime de son absence d'ancrage territorial.»

Même ceux qui étaient sédentaires, comme le père de Khaleq, ne voyaient pas quel pouvait être l'intérêt de s'ancrer de cette façon, ne serait-ce que sur papier. Ainsi est née une population apatride, et le gouvernement n'a rien fait pour remédier à la situation.

*

* *

Dans *Les origines du totalitarisme*, la philosophe Hannah Arendt, qui a elle-même été apatride pendant plus de dix ans pendant et après la Seconde Guerre mondiale, définit la citoyenneté comme «le droit d'avoir des droits». Que valent les droits humains, se demande-t-elle, s'ils dépendent de l'octroi d'une citoyenneté par un État, au lieu de découler de notre humanité commune et partagée? Le fait de se voir refuser la nationalité de manière arbitraire est une dépossession de premier ordre qui se répercute sur toutes les sphères de la vie. Contrairement à la nourriture ou au logis, la nationalité ne peut être simplement fournie à ceux qui n'en ont pas par des individus bien intentionnés, un organisme de charité ou par l'Organisation des Nations Unies (ONU). D'ailleurs, en novembre 2014, l'ONU a lancé un programme de dix ans pour mettre un terme au problème de l'apatridie partout dans le monde. Or cette campagne ne repose pas sur une loi ayant force exécutoire, mais sur la pression de l'opinion publique. C'est la nation souveraine et elle seule qui décide qui elle accepte ou refuse comme citoyen et personne d'autre n'y peut grand-chose.

Il ne serait pas très difficile de régler le problème des apatrides ; il suffirait d'un peu d'organisation et de quelques démarches administratives. Mais ce qui fait souvent défaut, c'est la volonté des gouvernements d'aider ou même d'admettre qu'il existe un problème. Le gouvernement émirati, par exemple, continue d'affirmer qu'il y a moins de 5 000 *bidoun*[2] sur son territoire et prétend qu'une foule de résidents se disant apatrides cachent leur véritable nationalité pour rester aux Émirats. Or selon l'organisation de défense des droits Refugees International, on frôlerait plutôt la barre des 100 000 apatrides sur le territoire des Émirats. On trouve également de nombreux *bidoun* au Koweït, au Qatar et en Arabie saoudite où, en 2013, l'un d'eux s'est immolé par le feu en public[3]. Il est difficile d'obtenir des statistiques exactes. « Il s'agit d'un dossier très politisé, qu'on ne révèle qu'avec parcimonie », affirme Noora Lori. L'ONU estime qu'il y a près de 100 000 apatrides au Koweït, et 70 000 en Arabie saoudite, et les gouvernements, même s'ils

---

2. Rania El Gamal et Sylvia Westall, « Arab Spring Energises Gulf's Stateless », Reuters, 19 décembre 2012, www.reuters.com/article/gulf-stateless-idUSL5E8NDAGU20121219.

3. Angus McDowall, « Immolation in Riyadh Exposes Plight of Arab Stateless in Saudi Arabia », Reuters, 26 juin 2013, www.reuters.com/article/2013/06/26/us-saudi-immolationpoverty-idUSBRE95P0RX20130626.

déclarent vouloir régler la situation, n'ont pratiquement rien fait jusque ici.

L'apatridie au XXIe siècle est encore plus déconcertante si l'on tient compte de la mondialisation. Dans un monde gouverné par le libre-échange, les apatrides sont soumis à un destin imposé par la nation dans laquelle ils sont nés et qui choisit ou non de les reconnaître. Edward Kleinbard, professeur de droit fiscal à l'université de Californie du Sud, s'est penché sur la question du revenu apatride, l'argent généré par des multinationales et qui, grâce à une savante et créative comptabilité, et en s'immisçant dans certaines failles juridiques, n'est lié à aucun pays en particulier. « Les sans-État errent sur une planète hostile, en quête d'un refuge », note Kleinbard dans un article. « Par contraste, le revenu apatride est prestement accueilli dans n'importe quel pays où le taux d'imposition est faible ou inexistant. »

Voilà le paradoxe de la mondialisation. Alors que les entreprises tirent pleinement profit des occasions qui leur sont présentées – main-d'œuvre étrangère à rabais, exonérations fiscales, extension de leur marché –, les personnes dont dépendent ces sociétés pour acheter, vendre et fabriquer leurs produits sont toujours enchaînées au territoire auxquels elles appartiennent, pour peu qu'elles aient la chance d'en avoir un.

Diogène et Zénon l'ont compris il y a bien longtemps : toutes les frontières nationales sont des constructions. La ligne tracée dans le sable entre l'Arabie saoudite et les Émirats n'a pas plus de sens que celle qui sépare les États-Unis du Mexique. Dans *L'imaginaire national*, Benedict Anderson explique qu'il faut du temps pour que les idées nouvelles en matière d'identité nationale et de citoyenneté (ce qu'il appelle «l'imaginaire») se condensent en un tout cohérent et pour que les frontières finissent par signifier quelque chose.

«Dans la conception moderne, l'État est pleinement, absolument et également souverain sur chaque centimètre carré d'un territoire juridiquement délimité, écrit Anderson. Mais dans l'imaginaire (*imagining*) ancien […], les frontières étaient poreuses et indistinctes ; les souverainetés se fondaient imperceptiblement les unes dans les autres[4].» Plus le pays est nouveau, plus ses frontières sont fraîches et plus les distinctions entre ceux qui ont le droit d'y vivre et les autres sont arbitraires.

Ces distinctions et ces exclusions peuvent avoir une fonction politique. À mesure que les Émirats se sont taillé une place de choix dans l'économie mondiale, la question de l'apatridie a été négligée, en partie à cause de la richesse du pays. En effet, plus le pays s'enrichissait en exportant du pétrole, plus s'y bousculaient les gens en quête d'un emploi, et plus l'élite régnante a cherché à s'imposer comme unique bénéficiaire du butin. Aux Émirats arabes unis, la population a crû à un rythme effréné, passant d'à peine un million de résidents en 1980 à plus de neuf millions aujourd'hui. Ce nombre, il va sans dire, comprend une part dispro-portionnée d'étrangers ; à ce jour, les citoyens émiratis ne constituent qu'environ 15 % de la population. Les citoyens de sexe masculin profitent d'avantages sociaux qui feraient rougir d'envie les sociaux-démocrates scandinaves[5] : une

---

4. Benedict Anderson, *L'imaginaire national. Réflexions sur l'origine et l'essor du nationalisme*, Paris, La Découverte, 2002.

5. Matthew Brown, «U.A.E.'s Drive for Emirati-Run Economy Is Thwarted by Handouts», *Bloomberg*, 3 octobre 2007.

allocation inconditionnelle d'environ 55 000 dollars par an, des terres gratuites sur lesquelles bâtir un domicile assorties de prêts à intérêt nul pour financer la construction, une allocation de mariage s'élevant à près de 20 000 dollars, des services publics (eau, gaz, électricité) subventionnés, et des systèmes de santé et d'éducation gratuits pour les Émiratis. Tandis que pour les *bidoun*, l'accès à l'ensemble de ces services est tantôt difficile, tantôt impossible.

L'histoire des *bidoun* dans les pays voisins est semblable. Alors que les élites « natives » de ces pays gouvernaient, s'enrichissaient et profitaient de la prodigalité extrême de leur État, une véritable armée de *bidoun*, d'expatriés et de travailleurs immigrés peinait à obtenir des permis de résidence, la citoyenneté et, tout simplement, des droits. Ils étaient si nombreux que les dirigeants de ces pays n'ont eu d'autre choix que de se pencher longuement sur la question de l'identité nationale pour esquisser des politiques visant à distinguer leur « nous » des « autres ».

« Les différentes sous-communautés [...] ne sont pas "imaginées" de manière égale », note Neil Patrick, chercheur et enseignant en sciences politiques à l'American University of Sharjah, en faisant référence à la théorie d'Anderson. « Les peurs existentielles exacerbent les efforts de construction nationale de ces pays encore jeunes, dont les dirigeants "inventent" une communauté nationale. »

Par exemple, le Koweït a traité les *bidoun* comme des citoyens jusqu'à la fin des années 1980, mais dès 1985, ceux-ci se sont vus attribuer le statut d'étranger habitant illégalement sur le territoire. Les raisons derrière cette reclassification vont de la discrimination tribale ou religieuse aux manigances électorales, en passant par les coupes budgétaires. Selon un télégramme de la diplomatie américaine datant de 2009, la chute des prix du pétrole en 1984 et 1985 aurait probablement poussé le Koweït à se soucier du nombre potentiel de bénéficiaires des prestations gouvernementales[6]. L'octroi de la citoyenneté aux *bidoun* aurait également affecté les résultats des élections koweïtiennes, au profit des députés tribaux et ruraux et au détriment de l'élite urbaine. Dans le recensement d'État mené en 1988, le gouvernement a soustrait la population *bidoun* au nombre des citoyens pour l'ajouter à celui des résidents étrangers. À partir de 1990, les *bidoun* «vivaient dans la pauvreté la plus abjecte, ayant été chassés en grand nombre des secteurs privé et public», selon un rapport de Human Rights Watch (HRW) publié en 1995[7], et «ils vivaient constamment sous la menace d'être déportés».

La première guerre du Golfe a fait remonter ces tensions à la surface. Le 2 août 1990, l'armée irakienne de Saddam Hussein a envahi le territoire koweïtien, forçant la famille royale à s'exiler et tuant au passage le frère de l'émir. La guerre n'a pas duré longtemps; à la fin février, les forces de la coalition, soutenues par les États-Unis, ont libéré la nation. L'événement, cependant, est resté à jamais gravé dans la mémoire des Koweïtiens. En tout, près de 2 000 résidents ont été tués par les forces irakiennes et de nombreux puits de pétrole ont été incendiés et détruits.

---

6. Anonyme, «Kuwait's Stateless Bidoon: Background and Recent Promising Developments», *Public Library of US Diplomacy*, 3 juin 2009, www.wikileaks.org/plusd/cables/09KUWAIT558_a.html.

7. HRW, «The Bedoons of Kuwait: Citizens Without Citizenship», rapport, août 1995, www.hrw.org/reports/1995/Kuwait.htm.

Tout au long du conflit et dans les mois qui ont suivi, les *bidoun* du Koweït ont été la cible d'une méfiance grandissante, et nombre d'entre eux furent accusés d'avoir joint les rangs de l'ennemi. Ces allégations découlaient d'un ordre de l'armée d'occupation qui exhortait les résidents non citoyens du Koweït à intégrer l'Armée populaire qui soutenait l'Irak, ou de finir emprisonnés et mis à mort. On ne sait pas combien de *bidoun* ont combattu au sein de cette milice ; en revanche, on sait que selon les calculs du gouvernement koweïtien lui-même, près de 25 % des 20 000 soldats de l'armée du Koweït étaient des *bidoun* en 1995[8] – et qu'avant la guerre d'Irak, ils étaient presque 80 %. De plus, on estime qu'un tiers des victimes du côté koweïtien étaient *bidoun*. Comme le note HRW, « s'appuyant sur le fait que quelques *bidoun* ont rejoint les rangs de l'Armée populaire, de nombreux Koweïtiens ont accusé tous les *bidoun* d'avoir collaboré. Dans leur empressement à poursuivre les collaborateurs, les autorités koweïtiennes ont négligé le fait que les *bidoun* avaient vaillamment combattu l'invasion irakienne à leurs côtés ».

Après que le Koweït eut été libéré de l'occupation irakienne, la discrimination envers les *bidoun* a atteint de nouveaux sommets. Le gouvernement a commencé par leur refuser l'accès aux services de base tant qu'ils ne révélaient pas leur « véritable » nationalité, une pratique qui persiste encore aujourd'hui. Noora Lori a observé que la guerre a eu, à travers les pays du Golfe, des effets analogues à ceux du 11-Septembre aux États-Unis. La sécurité est soudainement devenue un enjeu primordial et un mouvement semblable

8. *Ibid.*

de classification de la population a fait surgir une nouvelle conception de l'identité nationale au sein de l'État. « Les gens ressentaient le besoin de catégoriser chaque individu, dit-elle. Tout le monde devait avoir ses papiers. »

Les mesures prises par le gouvernement du Koweït ont fait boule de neige dans la région du Golfe. Suivant l'exemple, les États limitrophes ont séparé de façon plus nette les habitants « de souche » des « étrangers », et ils ont compliqué les procédures de naturalisation pour les *bidoun* et pour les autres. Ainsi, les membres de la communauté *bidoun* de Khaleq, à Ajman, se sont-ils retrouvés à devoir payer le prix fort pour une éducation que les Émiratis, eux, recevaient gratuitement. Puis, il leur a été de plus en plus difficile d'obtenir des extraits de naissance ou de décès, et de conserver certains emplois.

Au début des années 2000, les *bidoun* koweïtiens ont commencé à se servir des forums sur internet pour dénoncer les injustices qu'ils subissaient. Ahmed Abdul Khaleq a trouvé des gens avec qui faire cause commune : « Je lisais les témoignages des *bidoun* du Koweït qui disaient n'avoir ni droits, ni sécurité sociale, ni permis de conduire, raconte-t-il. Dans ma tête, j'ai commencé à bâtir mes arguments et à écrire moi aussi. "Nous autres, *bidoun*, nous avons des droits. Nous sommes nés ici, nos pères sont nés ici et nos grands-pères aussi. Si d'autres gens dans la même situation ont droit à la nationalité, pourquoi pas nous ?" »

À l'époque, Khaleq travaillait pour les services administratifs de la police d'Ajman. Il gagnait plutôt bien sa vie, même si le fossé salarial entre les Émiratis et leurs homologues sans papiers ne cessait de se creuser. Alors que Dubaï faisait surgir sa rutilante métropole des sables du désert, se rappelle Khaleq, lui ne pouvait même pas se procurer une carte de bibliothèque.

Les autorités émiraties cherchaient elles aussi à se débarrasser du problème des *bidoun*. En 2006, le cheikh Khalifa ben Zayed Al Nahyan, président des Émirats arabes unis, s'est engagé à leur fournir des papiers. Son premier décret en ce sens stipulait que les femmes émiraties pouvaient désormais donner leur nationalité à leur progéniture, alors que jusque-là, la citoyenneté n'était transmise que par le père. Le gouvernement émirati a ensuite annoncé que le processus de naturalisation serait facilité, afin de permettre aux sans-papiers de faire les démarches. Il est difficile de dire si cette mesure a réellement aidé les *bidoun*, puisqu'à ce jour aucune donnée n'a été publiée sur la question. En mars 2008, *Bloomberg News* rapportait que seuls 1 294 des 100 000 *bidoun* émiratis avaient obtenu la citoyenneté depuis la promesse du cheikh Khalifa, en partie parce que les dossiers étaient traités au cas par cas. D'autre part, une agence de recensement des sans-papiers a été mise sur pied, où les *bidoun* étaient, semble-t-il, forcés de révéler tout passeport qu'ils détenaient déjà ou qu'ils seraient en droit de demander. « De nombreux *bidoun* ont cédé et nous ont révélé leur pays d'origine », a déclaré en 2008 un porte-parole du ministère de l'Intérieur à Reuters. « En échange, le gouvernement des Émirats leur a accordé l'amnistie pour avoir résidé illégalement sur le territoire. »

Tout cela n'a certainement pas arrangé le cas de Khaleq qui, comme beaucoup, n'avait ni autres papiers ni même un deuxième pays. En 2009, il a commencé à publier des commentaires sur *UAE Hewar* – le « dialogue émirati » –, un site web fondé par Ahmed Mansoor, ingénieur, fervent militant prodémocratie et membre de HRW. Bien qu'il soit né Émirati, Mansoor a depuis été accusé d'être un « traître sans nation » en raison de ses activités dissidentes[9]. *UAE Hewar* se voulait une tribune où les Émiratis pouvaient discuter de politique et de culture. À l'époque, c'était le « seul forum qui permettait aux gens de parler librement sur internet. Il attirait évidemment beaucoup de visiteurs qui en avaient long à dire, selon Mansoor. Ahmed était l'un d'entre eux ».

Sur les forums, Khaleq utilisait le pseudonyme « *Bidoun Émirati* » : « Il n'était pas très connu à l'époque », se rappelle Mansoor. S'inspirant de ses confrères apatrides au Koweït, Khaleq s'est mis à publier des billets incendiaires réclamant des droits pour les *bidoun* et il a apporté son soutien à des initiatives qui prônaient la décentralisation du pouvoir détenu par les cheikhs. À l'heure actuelle, les sept émirats sont chacun gouvernés par un émir qui a le pouvoir absolu. L'émir d'Abou Dhabi, le cheikh Khalifa ben Zayed Al Nahyan, successeur de son père et deuxième président des Émirats, nomme lui-même la moitié des 40 membres du Conseil national fédéral, alors que les 20 autres sont élus par un comité électoral dans chaque région.

En décembre 2010, des manifestations en Tunisie ont mis le feu aux poudres et déclenché ce que l'on appelle désormais le Printemps arabe : les dirigeants de la Tunisie, de l'Égypte, de la Libye et du Yémen ont été évincés ; la guerre civile a éclaté en Syrie ; et des soulèvements populaires ont secoué le Bahreïn, l'Algérie, la Jordanie, le Maroc, l'Arabie

---

9. Erika Solomon et Mark Trevelyan, « Arrested UAE Blogger Accused of Possessing Alcohol », Reuters, 12 avril 2011, www.reuters.com/article/2011/04/12/us-emiratesactivists-idUSTRE73B2EP20110412.

saoudite, Oman et nombre d'autres pays arabes. Dans les États du Golfe, cette agitation n'a pas inspiré de révolution comme celle de la place Tahrir, mais elle a néanmoins ébranlé et indisposé les élites au pouvoir.

La version koweïtienne du Printemps arabe aurait été, aux dires de certains, une initiative des *bidoun* et de leurs alliés. Ceux-ci sont effectivement descendus dans les rues en février et en mars 2011 pour réclamer plus de droits. Ils ne cherchaient pas à renverser le gouvernement, au contraire ; on les a vus « brandir fièrement le drapeau national et des portraits de l'émir », a rapporté la BBC[10]. Par contre, ils revendiquaient la citoyenneté et les droits qui en découlent. Dans les rues, la police a dispersé les foules à grand renfort de gaz lacrymogènes et de canons à eau. D'autres manifestants ont investi l'Assemblée nationale et ont boycotté les élections. Le premier ministre Nasser Mohammed Al-Ahmed Al-Sabah et son cabinet ont démissionné, et le Parlement a été dissous.

Partout dans la région du Golfe les gouvernements ont agi rapidement pour contenir la crise et réprimer le peu de contestation qui avait pu traverser leurs frontières. Ils ont utilisé la méthode de la carotte et du bâton en distribuant des primes en argent[11] (aux citoyens, évidemment) et en investissant dans les infrastructures et les services, tout en

---

10. Simon Atkinson, « Kuwait's Stateless Bidun Demand Greater Rights », *BBC News*, 19 juillet 2011, www.bbc.com/news/business-14185365.

11. Zoltan Barany, « The "Arab Spring" in the Kingdoms », document de travail, Arab Center for Research and Policy Studies, septembre 2012, http://english.dohainstitute.org/file/get/e02ce87b-f3ab-45d3-bfd8-3f3e97f6a6a9.pdf.

arrêtant massivement les militants et les manifestants afin de montrer l'exemple.

Sous le régime autoritaire des Émirats, puisque la vie était belle pour les citoyens[12] mais précaire pour tous les autres, les occasions de se révolter étaient rares. Un groupe qui serait ensuite surnommé les « Cinq des Émirats » faisait toutefois exception. Khaleq en était membre.

Les ennuis des Cinq ont commencé en mars 2011, lorsque plus d'une centaine de personnes ont signé une pétition en ligne exigeant le suffrage universel pour l'élection du Conseil national fédéral et demandant qu'on octroie des pouvoirs législatifs à cette instance. Quelques semaines plus tard, Nasser Bin Ghaith, professeur de l'Université Paris-Sorbonne-Abou Dhabi a publié un article sur les effets du Printemps arabe sur la situation aux Émirats arabes unis.

Le 8 avril, à l'aube, des policiers sont arrivés au domicile de Khaleq. « Quinze hommes et quatre voitures, rien que pour moi, se rappelle Khaleq. J'ai pensé : "Est-ce qu'ils me prennent pour Oussama Ben Laden ?" » Trois jours plus tard, Mansoor fut également arrêté. Ben Ghaith et deux blogueurs, Fahad Salim Dalk et Hassan Ali al-Khamis, subirent le même sort.

Les Cinq des Émirats ont comparu, deux mois plus tard, pour avoir publiquement insulté les dirigeants du pays – ce qui est un crime selon le Code pénal émirati – et pour avoir troublé l'ordre public avec leurs déclarations.

---

12. Angela Shah, « Why the Arab Spring Never Came to the U.A.E. », *Time*, 18 juillet 2011, http://content.time.com/time/world/article/0,8599,2083768,00.html.

L'organisation Amnesty International a alors réclamé leur libération immédiate et lancé une campagne à grande échelle, qui est arrivée jusqu'aux planches du festival d'Édimbourg[13]. Plusieurs universitaires de renom, dont le philosophe Thomas Nagel et le juriste Ronald Dworkin, ont publié dans la *New York Review of Books* une lettre ouverte exprimant leurs inquiétudes. La BBC et le *New York Times* ont couvert les arrestations, mais les médias locaux indépendants n'ont pas été autorisés à en parler. Les organes de presse contrôlés par le gouvernement émirati ont décrit les détenus comme des extrémistes religieux et des agents iraniens.

Khaleq a donc fait la connaissance de ses prétendus complices pour la première fois derrière les barreaux ; il a même partagé sa cellule avec Mansoor pendant quelques semaines. Khaleq rêvait de rencontrer ce célèbre militant très respecté aux Émirats, mais dans d'autres circonstances. « Je lui ai dit que je n'en pouvais plus, m'a raconté Khaleq. Il m'a répondu : "Non, tu dois continuer. Même dans les endroits les plus sombres se cache une lueur d'espoir." »

Khaleq était le seul apatride parmi les cinq prisonniers. Son procès à huis clos a commencé en juin, malgré les protestations de HRW, qui dénonçait la situation comme étant « sans fondements légitimes sur les plans juridique et factuel ». En octobre, les prisonniers ont boycotté le procès, avant d'organiser en novembre une grève de la faim de

---

13. Severin Carrell, « Comedians and Writers Lead Amnesty Campaign to Free Jailed UAE Activists », *The Guardian*, 7 août 2011, www.theguardian.com/culture/2011/aug/07/amnesty-uae-activists-edinburgh-festival.

20 jours. En vain: quatre juges ont condamné Mansoor à trois ans d'emprisonnement, tandis que Khaleq et les autres détenus ont obtenu des peines de deux ans. Khaleq, malgré sa nature têtue, a arrêté sa grève de la faim. «Nous avons essayé de mettre de la pression sur le gouvernement et le tribunal. Je voulais qu'ils nous libèrent, mais j'ai reçu deux ans de prison et Mansoor trois, dit-il. Je lui ai dit que nous avions échoué et que j'arrêtais ma grève. Il a répondu: "Comme tu veux."»

Un jour plus tard, le cheikh Khalifa a accordé la grâce présidentielle aux cinq accusés, sans fournir la moindre explication. Khaleq et ses compagnons ont été libérés. «Je suis heureux de revoir ma famille, a déclaré Bin Ghaith à l'Associated Press, mais je ressens aussi beaucoup de honte et de tristesse pour mon pays. C'est un moment tragique pour ma terre natale, les débuts d'un État policier qui ternira à jamais l'image des Émirats.»

La prison n'a pas suffi à faire taire Khaleq, qui s'est remis à écrire. Fort d'un enthousiasme renouvelé, il a fondé son propre blog, *Bidoun émirati*. «Après mon arrestation, je voulais défier le gouvernement, dit-il. Nous étions célèbres! Ahmed Mansoor était devenu célèbre, j'étais célèbre. Nous avions tous une cause qui nous était chère: Mansoor se battait pour la démocratie, moi pour la condition des sans-papiers. Je disais: "Nous réclamons nos droits. Comment se fait-il que nous soyons encore apatrides?"»

Selon Khaleq, le gouvernement a essayé d'acheter leur silence. «Nous avons rencontré le dirigeant de Ras el Khaïmah. Il nous a suppliés de nous taire, de ne rien faire. Il a dit: "Nous vous donnerons tout ce que vous voulez, pourvu que vous vous taisiez. Allez à Abou Dhabi et on vous donnera tout ce que vous demandez, mais ne dites plus rien." On s'est réunis tous les cinq, et on a décidé de ne pas aller à Abou Dhabi et de ne pas prendre leur argent, et voilà tout.»

*
* *

C'est à cette époque que Khaleq est devenu Comorien. Il n'y a eu ni serment d'allégeance ni cérémonie ; il n'avait même pas fait de demande. Sa «naturalisation» a commencé par un coup de téléphone : un homme a demandé à parler à son père, puis lui a dit qu'il avait l'ordre du gouvernement de lui enjoindre, à lui et à sa famille, de faire une demande de passeport comorien. «Il disait que si nous demandions la citoyenneté aux Comores, nous obtiendrions sans aucun doute la citoyenneté émiratie plus tard», se rappelle Khaleq.

Pour faire marcher cette combine, des fonctionnaires du gouvernement ont fait des déclarations donnant l'exemple d'Abdul Rahman, un ingénieux *bidoun* qui avait prétendument obtenu des papiers comoriens et s'en était ensuite servi pour recevoir la citoyenneté émiratie. Le ministre de l'Intérieur, et associé de Kiwan, Saif ben Zaïd al Nahyan a déclaré avoir été impressionné par l'initiative de Rahman, ce qui l'avait convaincu d'émettre une recommandation pour faire remplacer son passeport comorien par des papiers émiratis. Il s'est ainsi expliqué aux journalistes : «Le fait que [Rahman] ait tenté de corriger son statut pour pouvoir rester sur le territoire et y travailler légalement prouve qu'il était bien intentionné.»

Mais il est illusoire de croire que les *bidoun* avaient une quelconque liberté de choix en l'occurrence.

« Le gouvernement nous mettait des bâtons dans les roues pour toutes les démarches administratives : les inscriptions au registre civil, le renouvellement de permis de conduire ou de cartes d'assurance maladie et même pour les mariages. Le passeport comorien était donc la seule solution que nous avions. » Lorsque Khaleq a voulu faire renouveler l'immatriculation de son véhicule, on l'a renvoyé chez lui. « Ils m'ont dit que les consignes du ministère de l'Intérieur les empêchaient de faire quoi que ce soit, tant que je n'avais pas fait de demande de citoyenneté aux Comores. À la fin, ils me disaient carrément : "Si tu ne fais pas la demande, Ahmed, tu n'auras plus accès à un seul de nos services". »

Khaleq et son père ont donc fini par se rendre à l'édifice de deux étages arborant le drapeau des Comores pour demander des papiers. Le personnel du bureau n'était pas africain, précise Khaleq, mais les employés étaient bien des Émiratis qui s'exprimaient dans un arabe impeccable. Selon un fonctionnaire comorien qui est allé sur place, certains employés étaient des *bidoun* qui avaient déjà reçu un passeport comorien. Au cours des semaines suivantes, Khaleq et son père sont retournés deux ou trois fois au bureau, accompagnés des six sœurs de Khaleq et de sa mère. Lorsque les membres de la famille ont reçu leur passeport quelques semaines plus tard, on leur a annoncé qu'ils devaient désormais faire une demande de visa s'ils souhaitaient rester aux Émirats en toute légalité.

« Le bureau des passeports a appelé pour dire à mon père de venir signer des documents avec toute la famille, raconte Khaleq. Il n'y avait que mon père, ma mère et moi à la maison ce jour-là, alors nous y sommes allés tous les trois et quand nous sommes arrivés là-bas, ils ont demandé à me parler seul à l'extérieur du bureau. Nous avons tous trouvé cela un peu étrange.» Khaleq a ensuite été mené derrière le bâtiment, où l'attendait une voiture blanche aux vitres teintées. Deux policiers assis à l'intérieur lui ont ouvert la porte et lui ont ordonné de monter.

Khaleq a d'abord été amené dans la prison aboudhabienne d'Al Wathba, un établissement qui se targue d'être propre et moderne, et d'offrir un traitement humain à ses détenus. «Nous vivons à l'ère de la mondialisation. La plupart de nos prisonniers sont déportés à la fin de leur peine», a déclaré le directeur d'Al Wathba au quotidien *Abou Dhabi National* en 2014. «S'ils subissaient des sévices dans notre établissement, ils s'en plaindraient à leur retour chez eux.»

Puis, Khaleq a été transféré dans une autre prison à Al Shahamah, un quartier tranquille en banlieue d'Abou Dhabi, à une demi-heure du bureau des passeports. Près de 300 détenus, venus des quatre coins de la planète, s'entassaient dans 10 cellules minuscules, se souvient Khaleq. Des gardiens non armés crachaient des insultes, lui disaient qu'il était un dissident et qu'il n'avait pas sa place aux Émirats arabes unis. Techniquement, ils avaient raison.

Après environ une semaine à Al Shahamah, Khaleq a été transféré dans une autre prison, où il a partagé sa cellule avec un Palestinien qui croupissait là depuis 13 ans pour un délit lié à la drogue. «Que Dieu te vienne en aide, lui a dit le Palestinien. Qui sait combien de temps tu resteras ici.»

Khaleq a été placé à l'isolement. «Le confinement absolu, dit-il. De quoi rendre fou. J'avais besoin de parler, moi, à n'importe qui: "Hé, comment ça va? Moi aussi je m'ennuie, comme toi!"» Ne pouvoir parler à personne a été un véritable supplice pour cet homme bavard, toujours prêt à partager son opinion sur les sujets les plus chauds comme les plus triviaux. Khaleq parle bien l'anglais, à une vitesse surprenante, et il parle encore plus vite sa langue maternelle, l'arabe. Mais lorsqu'il a été transféré dans une autre cellule, il s'est retrouvé entouré d'Indiens et de Bangladais qui ne parlaient pas l'arabe. Khaleq ne comprend pas l'hindi. En guise de protestation, Khaleq a commencé à résister aux gardiens, à ignorer leurs ordres et à refuser de manger. La stratégie a marché et il a enfin été transféré dans un bloc où les détenus étaient Arabes. Khaleq ne se doutait pas qu'il lui faudrait s'habituer à vivre dans un pays où personne ne comprend l'arabe.

Lorsqu'il était *bidoun*, Khaleq ne pouvait pas être déporté. Les pays refusent généralement l'entrée aux visiteurs qui n'ont pas de patrie à laquelle retourner. Mais il était devenu Comorien. Ses interlocuteurs n'avaient qu'à choisir une destination.

«Ils me disaient: "OK, Ahmed! Que dirais-tu d'aller en Afghanistan, en Iran ou au Pakistan?"» se rappelle-t-il. Dans les choix qu'on lui offrait, l'archipel des Comores brillait par son absence. C'est que les Comoriens lui avaient délivré un passeport en stipulant qu'ils ne voulaient pas de lui sur leur territoire. Khaleq ne voyait pas non plus l'intérêt de se rendre sur sa prétendue terre d'accueil. Après avoir refusé d'aller en Afghanistan, en Iran et au Pakistan, on lui a proposé la Thaïlande. Il a accepté, à contrecœur. On lui offrait la liberté, mais il ne pourrait jamais rentrer chez lui.

Le directeur de la prison a appelé le père de Khaleq pour lui dire de se présenter à l'ambassade thaïlandaise avec le passeport comorien de son fils et d'y demander un visa de deux mois pour lui, puis de lui acheter un billet pour Bangkok. Après avoir obtempéré, l'homme a envoyé les documents à son fils avec un billet aller-retour, même si on lui avait clairement fait comprendre que son fils ne ferait qu'un aller simple.

Khaleq a été escorté de la prison directement à l'aéroport par un policier qui l'a reconnu, parce qu'ils avaient fréquenté la même université de banlieue. «Il m'a demandé comment j'en étais arrivé là, raconte Khaleq. J'ai répondu: "C'est la vie. Celui qui a le malheur de militer pour ses droits se retrouve forcément dans cette situation."» Il a traversé le terminal, submergé par l'émotion. Sa famille n'a pas eu le droit de venir lui dire adieu. Il est tout simplement monté dans l'avion, sans bagage, encore vêtu de son uniforme de prisonnier. Après des années passées à se battre pour ses droits, Khaleq voyait enfin son vœu exaucé: il n'était plus apatride. Il avait un passeport, mais c'était un cadeau empoisonné.

Chapitre 4

L'homme qui a vendu le monde

Il arrive ainsi qu'on soit obligé de trahir sa patrie.

Evelyn WAUGH, *Scoop*

PAR UN HUMIDE APRÈS-MIDI DE SEPTEMBRE **2014,** Christian Kalin a pris la parole devant un public formé d'avocats, de banquiers et de comptables, réunis dans la salle de conférence du Four Seasons, en plein Manhattan. Il était là pour parler de sa passion de toujours : les passeports.

Kalin, un homme frêle et raide, a brandi un petit rectangle rouge estampillé d'une croix blanche, pour que l'assistance le voie bien. « Si j'ai appris une seule chose dans ma vie, c'est qu'il est très utile d'avoir plus d'un passeport », a-t-il dit arpentant la scène, les sourcils froncés et le corps légèrement incliné vers l'avant.

Il est citoyen de la Suisse et, selon *The Economist*, cette confédération enclavée est le meilleur pays où naître[1]. Les privilèges dont ses ressortissants jouissent sont effectivement

---

1. Laza Kekić, « The Lottery of Life », *The Economist*, 21 novembre 2012, http://www.economist.com/news/21566430-where-be-born-2013-lottery-life.

nombreux : le passeport suisse donne à son titulaire le droit de voyager sans visa dans 170 nations[2] (sur un total de 196), de vivre dans des villes, villages et hameaux paisibles, propres, bien administrés et adéquatement financés, de participer à l'une des démocraties directes les plus efficaces de la planète, et de détenir des comptes bancaires secrets (du moins pour l'instant). Des huit milliards d'humains sur Terre, seuls quelque sept millions peuvent se targuer d'être suisses, un honneur remarquable qu'Ayelet Shachar, spécialiste des questions de citoyenneté à l'Université de Toronto, compare au fait de « gagner le gros lot des droits de naissance ».

« Vous vous demandez peut-être : "Qu'est-ce qu'un Suisse avec un passeport suisse peut bien vouloir faire d'un autre passeport ?" » soulève Kalin.

Il y a une devise, dans l'industrie de la citoyenneté : on ne peut jamais être trop riche, trop mince, ou avoir trop de passeports.

Kalin, qui en possède au moins cinq, est le président de Henley & Partners, un cabinet de consultants qui aide les fortunés de ce monde à acheter des permis de séjour et des passeports, et offre ses conseils aux pays qui souhaitent vendre ces documents. Toutefois, les programmes de citoyenneté pour investisseurs que promeut Kalin sont bien différents de l'entente signée par les Comores. Les clients de ce dernier, principalement des États caribéens et européens, soumettent leurs candidats à une batterie de tests en plus de

---

2. Henley & Partners, « The Henley & Partners Visa Restrictions Index 2014 Global Travel Freedom at a Glance », 2014, www.henleyglobal.com/files/download/hvri/HP%20Visa%20Restrictions%20Index%20141101.pdf.

leur faire remplir de nombreux formulaires. Les passeports ne sont pas vendus en gros à un autre gouvernement, mais bien au détail, à chaque privilégié prêt à débourser une somme faramineuse pour ajouter un document de voyage à sa collection déjà bien garnie. Sur papier, ces «citoyens du monde» sont tout sauf apatrides, mais ils ne voient pas pourquoi ils devraient se contenter d'une seule adresse.

Kalin s'est imposé comme la référence dans l'industrie. Personne ne connaît mieux les passeports, personne ne prêche avec tant de foi la citoyenneté multiple que lui. C'est à lui qu'on doit la marchandisation de la citoyenneté, et c'est également à lui qu'on doit une réflexion unique sur les implications morales, politiques et économiques de ce commerce.

Kalin a travaillé pour l'île de Malte, Saint-Kitts-et-Nevis et Antigua-et-Barbuda. Henley & Partners offre aussi ses services aux particuliers, y compris la cohorte de Bachar Kiwan au Moyen-Orient et leurs homologues en Russie, en Chine, en Inde et ailleurs. Dans le jargon financier anglais, ces riches individus sont désignés par un acronyme aussi lourd qu'imprononçable: UHNWI, pour *Ultra-High Net Worth Individuals*, littéralement «individus à valeur nette ultra élevée» ou simplement «individus très fortunés». Ils font appel aux services de Henley & Partners sur recommandation de leurs conseillers financiers qui, au cours des dernières années, ont ajouté les programmes de citoyenneté et de résidence permanente à leur fiche de blanchisserie de stratégies pour gérer et préserver le patrimoine de leur clientèle. Les mots qu'ils utilisent en disent long: ils ne parlent pas d'acheter des passeports, mais de s'autoréaliser en tant que citoyen du monde.

« De nos jours, quiconque a du talent et des moyens n'a pas besoin de restreindre sa vie à un seul pays », peut-on lire sur une brochure de l'entreprise[3]. « Prendre activement une décision stratégique quant à votre résidence et votre citoyenneté vous donnera une plus grande liberté, protégera votre vie privée et vous assurera une meilleure sécurité. »

Pour ceux qui cherchent un deuxième (ou un troisième) passeport, l'éventail de choix est plus vaste que jamais. Au moment d'écrire ces lignes, il est possible de devenir, par des moyens tout à fait légaux et légitimes, citoyen de Saint-Kitts-et-Nevis, d'Antigua-et-Barbuda, de la Grenade, de la Dominique, de Malte, de la Bulgarie, de Chypre et de l'Autriche. Certains passeports valent 200 000 dollars (dans le cas de la Dominique), d'autres, plusieurs millions d'euros (comme ceux de Malte et d'Autriche, entre autres). Depuis la crise financière de 2008, un nouveau pays par an s'est ajouté à la liste. Des émules de Henley & Partners ouvrent boutique un peu partout à Shanghai, Singapour et Dubaï.

La liberté de voyager est la principale raison qui pousse les gens à débourser des centaines de milliers de dollars pour une nouvelle citoyenneté. On a beau parler d'un monde en réseau et sans frontières, il reste que le fait de naître avec un « mauvais » passeport est encore un grand malheur. Ceux qui en détiennent un « bon » n'y pensent pas vraiment, mais pour les titulaires de « mauvais » passeports, c'est une autre histoire. Pour les plus riches, cela peut être particulièrement insultant : un mauvais passeport fait l'effet d'un membre coupé qui continuerait de démanger l'amputé, sans que

---

3. Henley & Partners, « Residence and Citizenship Practice Group », s. d., www.henleyglobal.com/residence-citizenship-practice-group.

l'argent, le pouvoir et le succès y puissent quoi que ce soit – un rappel constant que les règles du jeu ne sont pas les mêmes pour tout le monde, et que la vie du milliardaire canadien moyen sera toujours plus facile que celle du milliardaire péruvien ou botswanais.

Ce que Henley & Partners propose à ses clients, c'est d'aplanir, moyennant une certaine somme, les frontières auxquelles ils se heurtent sur la planète. Pour se faire encore plus convaincante, la firme publie chaque année son palmarès des passeports du monde dans *The Economist*. La Finlande, l'Allemagne, la Suède et le Royaume-Uni se partagent la première place, alors que l'Afghanistan, dont le document de voyage permet l'accès à seulement 28 nations sans visa, se classe au 94e rang.

Il existe toutefois d'autres raisons qui expliquent pourquoi, chez les ultra-riches, le fait d'être seulement Indonésien ou Français ne suffit plus. Un passeport supplémentaire aide à diversifier ses investissements et à réduire sa facture fiscale, en plus de faciliter les affaires à l'étranger et de permettre d'envoyer ses enfants étudier outre mer. Le deuxième passeport sert parfois de filet de sécurité : pendant des décennies, les oligarques de l'ancienne Union soviétique ont afflué vers Londres, Chypre et Genève pour y élire domicile. Dans certains pays, la double résidence ou la citoyenneté multiple sont pratiquement devenues indispensables. En 2011, le directeur général de Henley & Partners m'a dit avoir constaté un regain d'intérêt au Moyen-Orient dans les mois qui ont suivi le Printemps arabe. En 2014, un journaliste a interrogé Igor Kolomoïsky, le richissime banquier devenu gouverneur de la région de Dniepropetrovsk en Ukraine, sur ses citoyennetés ukrainienne, israélienne et chypriote.

En vertu de la Constitution ukrainienne, lui a rappelé le journaliste, la double nationalité est interdite. « C'est vrai, a répondu Kolomoïsky, mais la Consitution ne dit rien sur la triple nationalité. »

Avoir des nationalités multiples ne requiert pas davantage de patriotisme ; Kolomoïsky, qui est un fervent nationaliste ukrainien, n'irait jamais au front pour défendre Chypre. La citoyenneté, dans ce cas-ci, fonctionne davantage comme un laissez-passer ou une carte de crédit American Express que comme une façon de se situer dans le monde. Ce n'est pas une coïncidence si la Citibank, dans une de ses publicités, décrit sa nouvelle carte de crédit comme étant le « nouveau passeport américain ».

C'est la possibilité de dissimuler son origine qui a inspiré l'entente entre Bachar Kiwan et les Comores. Certains des amis et associés de ce dernier m'ont dit qu'ils avaient eux aussi songé à acquérir une seconde nationalité ou des permis de séjour. Les législateurs comoriens et les employés de la Comoro Gulf Holding invoquaient tous l'existence, dans d'autres pays, de programmes de citoyenneté pour investisseurs pour justifier la loi comorienne.

Lors d'un entretien sur Skype en février 2015, Adnan Tarabishy, un chef d'entreprise syrien qui a connu Kiwan, m'a dit : « Dieu merci, il y a cette possibilité. » Il avait fait une demande de passeport à la Dominique, pour compenser les inconvénients d'être syrien. « Notre accès aux marchés est cauchemardesque. Nous voyons cela comme un investissement », m'a-t-il confié.

Le stratagème des passeports comoriens repose sur une logique propre au capitalisme tardif. Si la citoyenneté peut ainsi être vendue et achetée, pourquoi les gouvernements n'achèteraient-ils pas des passeports pour leurs populations apatrides ?

*
* *

Christian Kalin est né en 1973 à Zurich. Adolescent, il s'est engagé dans un programme de service prémilitaire et passait son temps libre à tirer sur des ennemis imaginaires dans la campagne suisse. Il a également commencé à compiler, dans un grand classeur, les documents législatifs de différents pays, relatifs à la citoyenneté, allant même jusqu'à écrire aux ambassades pour demander des exemplaires de leurs textes de loi. « J'ai toujours été fasciné par ce que la citoyenneté inclut et exclut », m'a-t-il raconté alors que nous mangions ensemble par un après-midi ensoleillé de février 2015, sur l'île de Nevis. « Je voulais comprendre comment les autres pays statuaient sur la question. »

Après quelque temps, Kalin a compris que la vie militaire n'était pas faite pour lui et il s'est fait dispenser de son service en allant étudier à l'étranger, d'abord en France, puis en Nouvelle-Zélande, où il est tombé amoureux d'une camarade de classe, Mae. Comme il avait du mal à obtenir un permis de séjour pour rester, il a appris, pour reprendre ses propres mots, à « utiliser le système ». Il s'est inscrit à d'autres cours pour prolonger son visa d'étudiant, et quand Mae a reçu son diplôme, ils sont partis vivre en Suisse, où Kalin a commencé une maîtrise en droit à l'université de Zurich.

En 1996, alors qu'il était encore étudiant, Kalin est entré à titre de consultant dans l'entreprise, dont il a pris la direction quelques années plus tard. À l'époque, Henley & Partners n'était qu'un petit cabinet, et l'industrie de l'expatriation émergeait à peine. La fin de la période coloniale provoquait une sorte d'anxiété de la citoyenneté. Les habitants de la colonie britannique de Hong Kong, par exemple, appréhendaient le moment où la Chine allait reprendre le contrôle de la région dès 1997, surtout après avoir vu la brutale répression qui s'était abattue sur les manifestants prodémocratie de la place Tian'anmen à Pékin en 1989. (En réponse à quoi les Britanniques ont proposé un plan foireux visant à rapatrier quelque cinq millions de Hongkongais en Irlande du Nord.) Le Canada a offert des permis de résidence aux riches de Hong Kong, et d'autres pays, petits et grands, ont ainsi ratifié leurs propres programmes d'immigration pour investisseurs. Dans l'océan Pacifique, les États insulaires de Tonga, de Samoa, de Vanuatu et de Nauru et l'archipel des Marshall ont mis sur pied des mesures franchement louches qui, entre 1982 et 1997, leur auraient rapporté plus de 152 milliards de dollars versés par des hommes d'affaires chinois qui cherchaient une « échappatoire » ou un « passeport fiscal ». Aux États-Unis, le Congrès a adopté l'Immigration Act de 1990, qui comprenait le programme de visas EB-5 visant à faciliter la vente de la résidence permanente (la fameuse « carte verte ») aux étrangers prêts à investir au moins 500 000 dollars en sol américain. Ce programme a atteint son quota annuel de 10 000 permis pour la première fois en 2014 ; 85 % des demandes venaient de Chine. Depuis 2009, le nombre de candidatures a presque doublé chaque année.

L'idée d'ouvrir les portes d'un pays à ceux qui ont les moyens de payer pour cet accès est controversée depuis le début. Don Myatt, qui a dirigé le programme d'immigrés-investisseurs au Canada pendant dix ans, avant de mettre les voiles vers Antigua en 2012 pour aider cet État à vendre lui aussi sa citoyenneté, se souvient que ceux qui souhaitaient attribuer un prix à la nationalité canadienne étaient diabolisés. Aujourd'hui, ce commerce est encore contesté en Amérique du Nord, mais le débat a un peu changé ; le juriste Eric Posner, par exemple, dit du programme de visas américains EB-5 qu'il est « grotesque » non pas parce qu'il n'est pas éthique, mais parce que le prix des visas « est ridiculement bas ».

Dans les années 1990 et au début des années 2000, Henley & Partners ainsi que quelques concurrents ont enchaîné une série de transactions à petite échelle qui ont permis à des hommes d'affaires de déplacer leur argent et les membres de leur famille d'un coin de la planète à l'autre. La firme de Kalin s'est concentrée sur la mesure d'allègement fiscal suisse qu'on appelle le « forfait fiscal », grâce à laquelle les riches résidents étrangers peuvent négocier un montant d'impôt forfaitaire calculé à partir de leurs dépenses annuelles plutôt qu'en fonction de leurs revenus ou de leurs actifs. L'entreprise essaie aussi de fournir des passeports caribéens à ses clients ; Saint-Kitts-et-Nevis vend les siens depuis 1984, et la Dominique, depuis 1990.

La Fédération de Saint-Kitts-et-Nevis est l'État souverain le plus récent du continent américain. Incidemment, c'est également le plus petit et le moins peuplé de la région. Environ 50 000 personnes se partagent ces deux îles des Petites Antilles ; sa minuscule capitale, Basseterre, est située à quelques kilomètres d'un grand volcan inactif. Saint-Kitts a accueilli les premières colonies caribéennes de la France et de l'Angleterre, qui s'en sont servi comme centre névralgique pour la traite des esclaves. En 1983, lorsque l'archipel caribéen a déclaré son indépendance du Royaume-Uni, la région ne pouvait compter que sur très peu de ressources pour subsister, mis à part ses exportations de sucre ; c'était, essentiellement, une île déserte au beau milieu des Caraïbes.

En 1984, Saint-Kitts-et-Nevis a réformé sa loi sur la naturalisation pour y ajouter une clause sur la citoyenneté pour investisseurs, ouvrant ainsi les bras aux étrangers susceptibles d'apporter une « contribution significative » à l'État. À première vue, c'était la voie tout indiquée pour attirer les entrepreneurs en quête de climats et de taux d'imposition plus cléments, mais pendant près de 20 ans, le programme est resté en dormance avec seulement quelques centaines de passeports échangés contre des fonds injectés dans le secteur immobilier.

En 2006, alors que le gouvernement interrompait les activités d'une industrie sucrière en ruines, Kalin est entré en scène avec une proposition de restructuration du programme de passeports pour investisseurs. Il a recommandé de créer un fonds de reconversion professionnelle pour les travailleurs des plantations de canne à sucre mis à pied, et d'offrir aux investisseurs étrangers d'y verser 200 000 dollars pour se voir remettre la citoyenneté après trois mois, sans même avoir à se rendre sur place – un argument de taille pour les quelques ultra-riches qui voient ces séjours forcés dans les Caraïbes comme un fardeau accablant. Kalin a également proposé au gouvernement kitticien de simplifier le processus d'obtention de la citoyenneté pour les étrangers qui faisaient l'acquisition d'un bien immobilier sur l'archipel. Enfin, puisque peu de gens avaient entendu parler de Saint-Kitts-et-Nevis, il a aussi conseillé d'investir dans la publicité et le marketing.

Le premier ministre de l'époque, Denzil Douglas, a réagi favorablement au plan de Henley & Partners. «Au début, le premier ministre s'est demandé si ces types existaient pour de vrai», se rappelle Wendell Lawrence, qui accumulait les fonctions d'ambassadeur de Saint-Kitts-et-Nevis et de représentant de la firme-conseil de Kalin sur les îles. «Puis il est allé en Suisse pour d'autres affaires et il en a profité pour visiter les bureaux de Henley & Partners à Zurich. C'est alors qu'il a décidé d'aller de l'avant avec leur proposition.»

Grâce au feu vert du gouvernement, la société Henley & Partners a reçu les droits exclusifs pour commercialiser l'archipel et son passeport dans les conférences, les séminaires et autres événements à l'étranger – une cession que les concurrents de Henley ont eu du mal à avaler. Selon Nuri Katz, un investisseur immobilier russo-israélo-américano-antiguo-kitticien et véhément détracteur de Kalin, «Henley a eu beaucoup de chance. Il y a six ans, personne ne les connaissait, ils n'existaient pratiquement pas. Aujourd'hui, Henley *est* Chris Kalin. Il est allé à Saint-Kitts au bon moment et a dit: "Personne ne fait la promotion de votre produit. Vous ne trouvez pas de clients, laissez-moi m'occuper de la vente."»

Kalin et Lawrence ont donc lancé une tournée de promotion de Saint-Kitts-et-Nevis en 2006. Ils ont cogné à la porte de banquiers et d'avocats en Suisse, au Canada et à Singapour pour leur vanter les mérites du passeport kitticien. Kalin était animé d'une détermination cérébrale et quasi obsessive. «La première fois que j'ai rencontré Chris, j'ai tout de suite constaté sa passion pour les passeports, se rappelle Lawrence. C'est bien plus qu'un travail pour lui. Je n'ai jamais vraiment compris d'où lui venait cette obsession, sans doute quelque chose de personnel. Il parlait toujours de tel ou tel livre qu'il avait lu sur le sujet.»

Les efforts du duo ont vite porté fruit: la banque HSBC, qui offrait à ses clients des services spécialisés d'implantation internationale, a ajouté Saint-Kitts à la liste des options pour l'expatriation, aux côtés du Canada, des États-Unis et du Royaume-Uni. Henley & Partners a aussi conclu des partenariats avec des promoteurs immobiliers, glanant des commissions sur les passeports vendus à la suite de l'acquisition d'une propriété. La société recevait 20 000 dollars pour chaque contribution individuelle faite à la prétendue Sugar Industry Diversification Foundation, dont le site web était hébergé par les bureaux de Henley & Partners sur l'île de Jersey. Aux dires de Lawrence, ce montant servait à payer les conseils en marketing que le gouvernement n'avait pas les moyens de payer autrement.

Le passeport de Saint-Kitts-et-Nevis est devenu beaucoup plus convoité à partir de 2009, lorsque ses détenteurs se sont vus donner un accès sans visa aux 26 États européens de l'espace Schengen. Kalin revendique cet exploit et prétend que l'entente a été ratifiée grâce à ses efforts de lobbying auprès des législateurs de l'Union européenne. Soudainement, le passeport kitticien pouvait être présenté comme étant essentiel pour les hommes d'affaires russes et chinois, et Saint-Kitts a propulsé Kalin au sommet de ce secteur. «Nous avons mis Saint-Kitts sur la carte, dit Kalin. Promouvoir le Canada, c'est facile; pas besoin d'expliquer ce qu'est le Canada, c'est une marque bien connue. Dans le cas de Saint-Kitts-et-Nevis, il faut informer le public. Nous avons fait de l'archipel un produit viable.» Lawrence renchérit: «Le temps et les efforts que nous avons fournis pour en arriver là sont incommensurables. Je suis en instance de divorce à l'heure actuelle, et j'estime que mes déplacements liés au programme de citoyenneté par investissement y sont pour quelque chose. Mon mariage ne s'en est jamais remis. »

Pour Saint-Kitts-et-Nevis, le partenariat avec Henley & Partners s'est révélé être un miracle économique. En 2006, les revenus sur le passeport constituaient à peine 1 % du PIB du pays ; en 2014, cette part a atteint 25 %, et la moitié du montant ainsi récolté provenait des contributions à la Sugar Industry Diversification Foundation[4] (notons que ce nombre ne tient même pas compte de l'activité économique générée par la construction de nouvelles infrastructures). Aujourd'hui, les passeports constituent le secteur d'exportation le plus important au pays ; les frais de traitement des dossiers d'accès à la citoyenneté, qui s'élèvent à 50 000 dollars par candidat, comptent à eux seuls pour au moins 7 % du PIB annuel depuis les cinq dernières années. À titre comparatif, l'industrie manufacturière de l'archipel contribue à environ 5 % du PIB, selon les calculs de la Banque centrale des Caraïbes orientales. Tout compte fait, c'est la citoyenneté qui a permis au pays de se sortir de la récession, d'accroître son niveau de liquidités bancaires et d'équilibrer son budget.

Sur le terrain, l'impact de l'industrie du passeport se mesure à l'œil nu. Les grandes chaînes hôtelières – Marriott, Four Seasons, Hyatt – emploient des milliers de personnes dans leurs établissements sur l'archipel. Partout, sur le

---

4. Xin Xu, Ahmed El-Ashram et Judith Gold, « Too Much of a Good Thing? Prudent Management of Inflows Under Economic Citizenship Programs », document de travail n° 15/93, FMI, mai 2015, www.imf.org/external/pubs/ft/wp/2015/wp1593.pdf.

minuscule territoire de Saint-Kitts, on voit surgir de nouveaux projets immobiliers, promesses d'un accès rapide à la citoyenneté et d'un retour sur investissement de 5 %. Il y a toutes sortes de propriétés : des grands blocs homogènes et blancs, construits à faible coût et à la va-vite pour profiter de la vague de popularité de Saint-Kitts, et des complexes luxueux comme le Christophe Harbor, un projet immobilier tentaculaire sur l'extrémité sud-est de l'île. On peut devenir kitticien en achetant sa part d'une villa qui vaut 400 000 dollars, ce qui, de plus, donne le droit d'habiter la résidence plusieurs semaines par année. On peut aussi acquérir des parcelles de terre, pour les conserver pendant au moins cinq ans et les revendre (avec la promesse d'un nouveau passeport) à quelqu'un d'autre. Vous cherchez une nouvelle marina pour votre mégayacht ? Aucun problème : la citoyenneté est également offerte à l'achat d'un mouillage (prix : 1,5 à 3 millions de dollars). Dans le centre-ville de Basseterre, même les terrains abandonnés sont assortis d'offres alléchantes : « 13 050 pieds carrés. Hors-taxe. Citoyenneté par investissement et autres concessions », peut-on lire sur une affiche installée devant un vieux cabanon jaune, non loin du port.

« Tout ça, c'est grâce à notre programme », m'a affirmé Kalin, en pointant les projets immobiliers en construction qui défilent sur la route. Nous parcourions l'île dans sa Toyota Forerunner graphite, qu'il conduisait à toute allure dans les rues dépourvues de panneaux de signalisation, désertes hormis quelques chèvres et deux ou trois chevaux.

« Le reste des Caraïbes est complètement fauché. L'impact de ce programme est considérable : pendant que les Caraïbes croulent sous les dettes, Saint-Kitts prospère. »

Kalin a la réputation d'être un homme d'affaires agres-sif. Il va droit au but, comme le ferait un comptable. Il parle un anglais excellent mâtiné d'un subtil accent allemand qu'il a hérité de sa Suisse natale. Il trébuche parfois légèrement sur une expression, mais passe aisément d'un sujet à l'autre, de l'économie néoclassique à la paix de Westphalie. Ses col-lègues et les gens qui le connaissent le décrivent comme un être brillant, impénétrable et un peu arrogant.

Cette arrogance semble toutefois justifiée, du moins en partie : le FMI, qui aide les pays à restructurer leurs dettes, a noté les progrès faits par l'archipel[5]. « À Saint-Kitts-et-Nevis, les entrées d'argent dans le secteur immobilier créent un essor dans l'industrie de la construction, ce qui a permis à l'État de sortir de la récession dans laquelle il était plongé depuis quatre ans », affirme un rapport publié au début de 2015.

Pour le remercier de ses efforts, Saint-Kitts-et-Nevis a nommé Kalin consul honoraire en Suisse et envoyé spécial en matière de visas.

La transformation de Saint-Kitts a été si soudaine et si inattendue que certains observateurs, sceptiques quant à la durabilité du boom, ont parlé d'une « bulle des passeports ». Les projets immobiliers bas de gamme, approuvés par un gouvernement avide de vendre plus de passeports, sont sur-évalués parce que, pour devenir kitticien, l'investissement minimal est de 400 000 dollars.

« Voilà un cas d'école de bulle immobilière », dit Thomas Liepman, le gérant américain du complexe Christophe Harbor. « Qu'arrivera-t-il dans 10 ans, lorsqu'il y aura

---

5. *Ibid.*

2 000 petits appartements et studios "de luxe" que personne n'aura les moyens de louer? Ici, les gens gagnent des salaires de crève-faim, et le marché locatif est inexistant... Pour les promoteurs immobiliers, il s'agit d'une course contre la montre: il faut bâtir au plus vite et au plus faible coût sur le dos des immigrés-investisseurs. Ensuite, nous aurons un hôtel de luxe.» Quant au complexe résidentiel de Christophe Harbor, Liepman insiste pour dire que sa clientèle voit davantage en Saint-Kitts un lieu de villégiature et un investissement qu'un moyen d'obtenir un passeport. «Pour plaisanter, nous disons qu'à Christophe Harbor, il y a une vie même après avoir obtenu sa citoyenneté.»

*
*　　*

Le succès de la vente des passeports à Saint-Kitts a créé beaucoup de remous dans les eaux normalement placides des Caraïbes. Du jour au lendemain, Kalin s'est retrouvé dans les petits papiers de presque tous les politiciens de la région, exception faite du président de Saint-Vincent, qui dénonçait avec véhémence le fait de marchandiser la nationalité en s'y opposant «fondamentalement et philosophiquement». En effet, selon leurs détracteurs, les programmes de citoyenneté par investissement sapent l'esprit de communauté qui unit le peuple d'un pays et sont injustes, puisqu'ils offrent aux riches des possibilités qui sont inaccessibles pour les autres.

«C'est un vieux gauchiste», dit Kalin en haussant les épaules. «Il ne se laissera jamais convaincre.» J'ai rencontré Kalin à Saint-Kitts, un lendemain d'élections fédérales. Ses téléphones sonnaient sans arrêt. « Nous travaillons avec eux depuis si longtemps que nous savons où tout se trouve et comment tout fonctionne », m'a-t-il dit en s'excusant pour aller répondre à un énième appel de la part d'un politicien élu ou défait. « Quand les membres du nouveau cabinet ne s'y retrouvent pas, c'est nous qu'ils appellent. »

Tout laisse croire que Kalin est devenu roi – ou, comme le disent ses opposants, pirate des Caraïbes. Il a bâti un marché très lucratif pour Henley & Partners et à Saint-Kitts, le soleil brille.

Pour lui, toutefois, le plus grand triomphe aura été de transformer une industrie douteuse faite de manœuvres en coulisse – digne des trafiquants de drogue ou des vilains des films de James Bond – en un outil de conformité, mais aussi en une véritable nécessité pour ceux qui volent en classe affaires : selon *Bloomberg*, les citoyens-investisseurs ont dépensé plus de deux milliards de dollars pour des passeports en 2014[6].

Kalin a passé l'hiver dernier à voyager aux quatre coins des Caraïbes, tout en terminant une thèse doctorale sur la marchandisation de la citoyenneté à l'université de Zurich. Les piles de documents dans son salon témoignent de son travail universitaire : ici, un article d'Étienne Balibar, là, des ouvrages sur la nationalité européenne. Lorsqu'il décrit les tendances géopolitiques qui régissent les décisions chez Henley & Partners, on croirait entendre un professeur

6. Jason Clenfield, « This Swiss Lawyer Is Helping Governments Get Rich Off Selling Passports », *Bloomberg*, 11 mars 2015, www.bloomberg. com/news/articles/2015-03-11/passport-king-christian-kalin-helps-nations-sell-citizenship.

d'université plutôt qu'un dirigeant d'entreprise. La citoyenneté n'est pas seulement une industrie lucrative pour Kalin, c'est aussi une vocation intellectuelle. Il a remarqué une vague de changement culturel dans la façon dont les pays et les citoyens conçoivent le contrat social. Selon lui, l'allocation de la nationalité par les voies traditionnelles, soit la naissance ou la filiation, est fondamentalement arbitraire : après tout, on ne choisit ni le lieu de sa naissance ni ses parents. Comme nous vivons aujourd'hui dans une société mondialisée, dit-il, le lieu de naissance et les liens du sang n'ont plus la même importance qu'avant.

« Au fil du temps, nous sommes passés d'une conception territoriale de la citoyenneté, ou *jus soli*, à une conception qui relève du patrimoine ou de la filiation, appelée *jus sanguinis*. Aujourd'hui, on commence à accorder la citoyenneté en échange d'une contribution à l'État », explique-t-il. Ces contributions sont évidemment souvent financières – et proviennent d'individus ou, dans le cas des Comores, d'un autre gouvernement –, mais elles peuvent aussi prendre la forme d'habiletés sportives, de compétences entrepreneuriales ou d'autres types de talents.

Kalin prétend que la citoyenneté par investissement est en fait *plus* équitable, parce qu'elle est moins aléatoire. « Bien sûr que c'est réservé aux riches, mais ce n'est pas un critère plus arbitraire que ceux qu'on utilise actuellement pour assigner la citoyenneté, dit-il. Si vous remplissez ces critères, vous pouvez devenir citoyen. »

En commercialisant les passeports comme des produits, l'industrie de la citoyenneté a peu à peu grugé le vernis moral qui, depuis un peu plus d'un siècle en Occident, protégeait l'appartenance à une nation. Ce que Kalin appelle les

« droits d'accès » aux pays est devenu l'objet de transactions, une idée qui s'est rapidement infiltrée même sur les ondes radio : en 2007, la rappeuse M.I.A. lançait le tube ironique *Paper Planes* qui vantait les mérites de la mondialisation : « *I fly like paper, get high like planes / If you catch me at the border I got visas in my name[7].* » Dans la chanson *Otis*, une collaboration avec Kanye West, Jay-Z déclare fièrement : « *Political asylum refugee can be purchased / Everything's for sale / I got five passports / I'm never going to jail[8].* »

Après avoir signé l'entente avec Saint-Kitts, Kalin est allé d'île en île pour offrir ses conseils aux gouvernements d'Antigua, de Sainte-Lucie et de la Grenade et les aider à trouver la meilleure façon d'élaborer leur propre programme de passeports. Lorsque l'île méditerranéenne de Malte a lancé un appel d'offres en 2013, Kalin a raflé le mandat de concevoir son plan de citoyenneté pour les investisseurs. Ce contrat, puisqu'il concernait un membre de l'Union européenne, était certainement la plus grande réussite de Henley & Partners à ce jour. Voilà qu'en cinq ans à peine, la vente de passeport était devenue une véritable industrie.

« Ils sont partis d'une idée et l'ont fait passer au cran supérieur, explique Don Myatt. Ils en ont fait une corporation, avec toutes les structures et l'efficacité d'une entreprise normale. » Depuis qu'il a quitté le programme canadien, Myatt dirige le service de citoyenneté par investissement

---

7. « Je vole comme le papier, je m'envoie en l'air comme l'avion / Si tu m'attrapes à la frontière, j'ai des visas à mon nom. »

8. « Le statut de réfugié politique s'achète / Tout est à vendre / J'ai cinq passeports / J'irai jamais en prison. »

d'Antigua de sa capitale, Saint John's, et collabore régulièrement avec Kalin.

L'approche de Henley & Partners, selon Myatt, est scrupuleusement professionnelle. «Kalin sait que tout repose sur leur réputation, m'a-t-il confié. Il ne se compromettrait pas en faisant des affaires avec des personnages douteux.» C'est la clé de voûte de la stratégie de Kalin, dans cette partie du monde où la pègre ne se tient jamais bien loin du pouvoir. En 2006, un télégramme diplomatique rapportait que la Dominique avait été «sévèrement critiquée dans le passé pour n'avoir pas contrôlé adéquatement les individus à qui elle a offert la citoyenneté économique, qui sont souvent des gens cherchant à fuir leurs obligations financières ou des accusations criminelles». Les autres États vendeurs, eux, ont été plus prudents. Ainsi, la Grenade a-t-elle abandonné son programme de citoyenneté économique après les attentats du 11 septembre 2001 (elle l'a depuis rétabli). La version irlandaise du programme, éphémère et inaperçue, a connu un sort semblable en 1998, après que les politiciens eurent décrété que ce qu'elle rapportait n'était pas suffisant pour justifier les risques encourus. Le Monténégro a brièvement lancé un projet qu'il a promptement aboli sous le feu des critiques, lorsque l'ancien premier ministre thaïlandais Thaksin Shinawatra, chassé du pouvoir par un coup d'État militaire, a refait surface avec un passeport monténégrin (après avoir voyagé avec des papiers d'identité diplomatiques émis par le Nicaragua). Le ministre des Finances du Monténégro a expliqué à un journaliste du *Financial Times* que l'ancien chef d'État milliardaire avait «obtenu son passeport grâce à une décision spéciale, en raison de promesses d'investissement».

Techniquement, aucune nation ne peut empêcher une autre de vendre sa citoyenneté, parce que la naturalisation relève de la souveraineté de l'État. Cette question juridique a toutefois été soulevée en 2014, lorsque Henley & Partners a conçu son programme pour le compte de Malte. La Commission européenne, prise entre Henley & Partners et la colère du parti d'opposition maltais, a débattu pour décider si un de ses pays membres avait le droit de vendre l'accès à toute la zone euro ; en effet, avec un passeport de l'Union européenne, les investisseurs pouvaient aussi bien s'établir à Berlin ou à Rome qu'à La Valette, la capitale de Malte. « Il est tout à fait légitime de se demander si les droits liés à la citoyenneté européenne devraient dépendre uniquement de la taille du portefeuille ou du compte bancaire d'un individu », a affirmé à l'époque Vivian Reding, commissaire européenne à la justice.

À Malte comme à Bruxelles et à Strasbourg, tout le monde était contre le plan de Kalin. En effet, lors d'une rencontre en janvier 2014, les représentants du Parlement européen se sont opposés à la vente de la citoyenneté européenne à 560 voix contre 22, avec 44 abstentions. Face à ces résultats, les autorités maltaises ont envoyé leur procureur général accompagné de Kalin et d'un professeur de droit nommé Dimitry Kochenov, pour faire valoir devant la Commission le fait que l'instance supranationale qu'est l'Union européenne n'a pas le droit de regard sur les politiques de naturalisation de ses États souverains. « En vertu de la Constitution européenne, il est évident que l'Union européenne n'a aucun recours », m'a confirmé Kochenov, juriste de l'université de Groningue. « C'était un compromis politique. » (Kochenov est néerlandais, mais russe de naissance ;

il approuve le travail de Chris Kalin, parce que selon lui, « l'idée d'assigner des individus à des lieux tient du féodalisme et de l'anarchie ».)

D'autre part, Malte a ajouté un an de résidence dans le pays aux conditions à remplir pour obtenir la nationalité – prétendument pour que ses nouveaux citoyens puissent développer un sentiment d'appartenance à leur terre d'accueil – et l'Union européenne, apaisée, s'est inclinée. Or cette nouvelle exigence est ambiguë : les citoyens-investisseurs n'ont qu'à louer un appartement pendant 12 mois pour la satisfaire. « Ils viennent deux fois : la première pour obtenir leur carte de résident, et la deuxième pour recevoir leur passeport », a expliqué un avocat de la région au *New York Times*[9].

En juillet 2015, Henley & Partners disait représenter 100 des 140 candidats qui avaient reçu une réponse favorable à leur demande de citoyenneté maltaise. Pour chaque passeport vendu, la firme empochait une commission de 4 %.

Malgré l'issue de ce dossier, les autres pays ont tout de même des moyens d'exercer des sanctions sur les nations qui monnayent leur citoyenneté. C'est ce qui est arrivé à Saint-Kitts en octobre 2013, lorsque le Financial Crimes Enforcement Network, organisme du Trésor des États-Unis, a fait une déclaration condamnant les « individus clandestins » qui prennent la citoyenneté kitticienne pour échapper à leurs obligations. Le gouvernement canadien, pour sa part,

---

9. Jenny Anderson, « Malta Offers Citizenship and All Its Perks for a Price », *The New York Times*, 30 avril 2015, www.nytimes.com/2015/05/01/business/dealbook/malta-offers-citizenship-and-all-its-perks-for-a-price.html.

a retiré Saint-Kitts-et-Nevis de la liste des pays et territoires dont les citoyens peuvent entrer au Canada sans visa.

Ce type de représailles inquiète Kalin au plus haut point : les restrictions en matière de visas ainsi que d'autres sanctions font dégringoler la valeur des passeports kitticiens sur le marché, ce qui entraîne évidemment une baisse de la clientèle et des revenus, mais aussi un risque d'atteinte à la réputation qui pourrait nuire non seulement au programme de Saint-Kitts, mais à toute l'industrie du passeport. Comme le mentionne un rapport du FMI :

> [...] les avantages qui génèrent autant de revenus sont l'accès sans visa et les droits de résidence que le programme promet aux investisseurs étrangers, donc tout changement dans les politiques d'octroi de visas des pays économiquement avancés présente un risque considérable. Ces programmes pourraient vite devenir moins attrayants [...] et provoquer ainsi un arrêt brutal. La concurrence de plus en plus vive de programmes semblables dans d'autres pays ou un recul de la demande des pays d'origine pourrait aussi rapidement réduire le nombre de demandeurs.

Face à la surveillance accrue qui vise les programmes de citoyenneté, Kalin blâme certains de ses concurrents qu'il juge irresponsables. « Il faut bloquer la route aux crétins, m'a-t-il dit. Savez-vous ce qu'est un crétin ? Une personne stupide et incompétente. Ces gens-là nous font tous mal paraître. » Les « crétins » de Kalin sont particulièrement tapageurs ces temps-ci. CS Global, un cabinet dirigé par une ancienne employée de Henley & Partners, Micha-Rose Emmett, et financé par Dev Bath, le fils flamboyant d'un magnat de l'industrie indien, vient tout juste de publier dans le *Financial Times* un supplément publicitaire de 12 pages intitulé simplement « Belong », qui pourrait être traduit moins succinctement par « Choisissez votre appartenance ».

« Découvrez les programmes de citoyenneté par investissement les mieux rodés et les plus sûrs de la planète », peut-on lire sur la couverture, au-dessus d'une femme en bikini zébré allongée sur la banquette d'un hors-bord. « Découvrez les avantages de devenir un citoyen du monde. » La brochure présente les programmes de citoyenneté de Saint-Kitts et de la Dominique, ainsi que les dirigeants de la firme CS Global. « Je suis devenu citoyen de Saint-Kitts il y a plus de dix ans », raconte le témoignage de Bath sous son portrait, en jeans et veston militaire blanc orné de passementeries dorées, sur la mezzanine de ce qui semble être un casino à l'éclairage tamisé. « Cet avantage m'a permis de répondre aux besoins de ma famille et de mon entreprise. »

« La mondialisation est une réalité », déclare Emmett sur la page en face. L'entreprise travaille désormais avec Saint-Kitts et la Dominique selon un contrat semblable à celui que Henley & Partners a conclu en 2005 avec le gouvernement de Douglas.

Arton Capital, une société de conseil basée à Dubaï, est un autre grand nom qui fait grincer Kalin des dents. L'entreprise est dirigée par Armand Arton, un beau parleur qui collectionne les nationalités arménienne, canadienne, kitticienne, antiguaise et comorienne. Par principe, dit-il, il achète le passeport de chacun des pays avec lesquels il fait affaire. « Je vise les dix passeports », m'a-t-il confié un soir à l'hôtel St. Regis de New York où nous prenions un verre dans un salon rempli de participants à l'Assemblée générale des Nations Unies. « Je veux être cité dans le *Livre des records Guinness* », a-t-il ajouté.

Arton venait d'être nommé envoyé spécial d'Antigua-et-Barbuda quand je l'ai rencontré. Fils d'immigrés arméniens, il s'est lancé en affaires en aidant les Iraniens et d'autres ressortissants des pays du Moyen-Orient à s'installer au Canada en vertu du programme canadien d'immigration destiné aux investisseurs. Il est ensuite allé vivre à Dubaï où il a démarré sa propre entreprise qui fait un travail semblable à celui de Henley & Partners, mais compte davantage sur des agents contractuels dispersés dans chaque région.

Le projet qu'Arton chérit particulièrement consiste à vendre des papiers de la Bulgarie. En 2014, des journalistes du *Telegraph* ont fait enquête incognito et un représentant du cabinet leur a dit qu'il était possible d'obtenir un passeport bulgare pour aussi peu que 180 000 euros, même pour un candidat qui a eu quelques accrocs avec la justice. Mais c'est en marketing qu'Arton Capital excelle : la société est connue pour son clinquant site web, pour ses voitures de course tapissées du logo d'Arton Capital garées à l'entrée des centres de conférence et des hôtels, et pour les événements fastueux à thématique internationale qu'elle organise, au cours desquels sont distribuées des brochures fabriquées comme des passeports qui présentent les programmes de citoyenneté par investissement à des participants identifiés par une carte d'embarquement à leur nom et servis par des mannequins embauchées comme hôtesses pour l'occasion.

Bien qu'il ne soit pas aussi subtil que son rival suisse, Armand Arton s'inspire tout de même de Kalin. Tous deux courtisent en effet les mêmes personnes – universitaires, leaders d'opinion, chercheurs et chefs de gouvernement – pour les inviter à parler dans le cadre de leurs événements.

Chacun organise un gala annuel pour honorer celui ou celle qui représente le meilleur espoir pour la citoyenneté mondiale. (Les prix de la Clinton Global Initiative, offerts par l'ONG du même nom et dont Arton est membre, récompensent eux aussi chaque année les citoyens du monde les plus exemplaires, notamment Malala Yousafzai, l'ancien maire de New York Mike Bloomberg et la propriétaire d'une boulangerie surnommée « United Nations of Bread ».) Les deux cabinets publient également leurs palmarès des meilleurs et des pires passeports – Arton a su se démarquer en 2015 en accompagnant sa liste d'une astucieuse infographie qui a circulé sur les blogs de design[10] –, et ont commencé à inviter des conférenciers provenant d'institutions internationales pour légitimer davantage leur entreprise.

Certes, aucune instance n'a aujourd'hui l'autorité de statuer sur les lois régulant la citoyenneté des États souverains, mais les deux firmes-conseil consacrent tout de même une partie de leurs efforts à maintenir éloignées les organisations de régulation externes. En octobre 2014, Arton a annoncé la création d'un groupe de l'industrie visant à assurer que les programmes de citoyenneté par investissement profitent réellement aux pays qui les mettent sur pied. Le jour même, Kalin a lancé à Genève son Investment Migration Council, un organisme sans but lucratif ayant la même mission. « On se croirait à la petite école », remarque Kim Marsh, un habitué des conférences d'Arton et de Kalin, qui travaille pour le cabinet d'intelligence économique et de veille stratégique IPSA International.

---

10. Arton Capital, « The Passport Index », 17 mars 2015, www.artoncapital.com/news/passport-index.

Les deux hommes se disputent le marché, mais aussi le titre de la meilleure «entreprise mondiale». Au début de 2015, Kalin a annoncé la création d'un partenariat entre Henley & Partners et l'Agence des Nations Unies pour les réfugiés, afin de venir en aide à ceux qui se trouvent «à l'autre extrémité du spectre de la mobilité mondiale», c'est-à-dire les apatrides et les gens déracinés, et non les «hommes de Davos». De son côté, Arton a fait preuve d'un peu plus de créativité : «Je me suis dit que pour chaque passeport vendu, nous pourrions en offrir un à un sans-papiers», m'a-t-il dit. Ce que le capitalisme fait avec des paires de souliers, il peut certainement le faire avec des passeports.

En fait, la philanthropie était le thème officieux du Global Citizen Forum de 2014, le colloque organisé par Arton à Toronto. (Henley tient depuis 2006 un colloque annuel, nommé Global Citizenship and Residence.) L'évé-nement comportait des conférences sur l'art d'acheter un passeport, bien sûr, mais aussi un bon nombre d'examens de conscience de groupe sur les «responsabilités» qui incombent aux citoyens du monde.

Pendant le deuxième jour de conférences, Patrick Liotard-Vogt, héritier roux et gigantesque de l'empire suisse Nestlé, a fait un touchant discours sur ce que les citoyens du monde doivent au reste de la planète. Vogt, lui-même suisse et kitticien, et diplômé des pensionnats des Alpes – les plus chers au monde –, venait d'être nommé directeur de A Small World, une sorte de MySpace pour la haute société – un réseau social pour les ultra-riches.

> Depuis quelques jours, nous discutons des citoyens du monde, dit-il. Nous avons appris que ce sont des ultra-riches, qu'ils ont beaucoup voyagé, qu'ils sont entrepreneurs, qu'ils

ont des familles, qu'ils ont poursuivi des études supérieures. Ils ont tout ce que l'on pourrait souhaiter. C'est presque surnaturel. Mais il y a une chose qu'il ne faut pas publier, et c'est qu'ils ne sont que des êtres humains. On parle d'eux comme de données statistiques, mais ce sont des humains, des humains qui ont des intérêts et des passions. Je crois que c'est ce dont nous avons oublié de parler lors de cette conférence.

Les citoyens économiques n'ont aucun lien avec le territoire. Je viens de traverser la frontière suisse avec mon passeport kitticien et le douanier m'a dit : « Tiens, c'est drôle. Il y a un homme qui est passé ici il y a trois heures avec un passeport comme le vôtre. Je lui ai demandé où se trouvait Saint-Kitts et il m'a répondu qu'il n'en avait aucune idée. » Mon souhait, en tant que citoyen du monde, est de vous convaincre de vivre une expérience plus concrète avec ce passeport. Les gouvernements devraient créer une identité nationale et la promouvoir. Avec des citoyens fiers et heureux, les occasions d'investissement se multiplieraient, bien au-delà du passeport.

La conférence s'est terminée sur ces paroles méditatives et, au coucher du soleil, les festivités ont commencé : le vin coulait à flots, les grillades ont été servies et une succession hétéroclite de numéros colorés s'est prolongée jusqu'aux petites heures du matin. Il y a eu des danseurs caribéens traditionnels et des acrobates du Cirque du Soleil. Le conférencier motivateur Robin Sharma a poussé les invités à s'embrasser, l'humoriste Russell Peters s'est moqué de la moustache à la Hitler du premier ministre antiguais Gaston Browne et a raillé les participants en les traitant d'apatrides : « Ce que vous êtes au fond, monsieur, c'est un homme sans domicile fixe, dit-il à Armand Arton. Vous êtes sans contredit le sans-abri le plus prospère de l'histoire du monde. »

Puis, une chorale agressivement multiculturelle est montée sur scène pour chanter une version exaltée de la chanson pop américaine de 1985, coécrite par Michael Jackson et Lionel Richie et interprétée par Bob Dylan, Tina Turner, Ray Charles et une douzaine d'autres artistes célèbres : *We Are the World*.

« *We are all a part of God's great big family*[11] », bramaient les enfants.

Une longue fioriture au piano menait au refrain lourdement harmonisé.

« *It's true we'll make a better day, just you and me*[12]. »

Dès les dernières notes du pianiste, un tonnerre d'applaudissements a éclaté. Plusieurs spectateurs semblaient essuyer une larme.

---

11. « Nous sommes tous membres de la belle grande famille de Dieu. »
12. « C'est vrai, nous ferons un jour meilleur, toi et moi. »

Chapitre 5

Citoyens du monde

*Car dans ce bas monde, camarades de mer, le péché qui paie sa
place peut voyager librement et sans passeport, tandis que la
vertu pauvre se voit arrêtée, elle, à toutes les frontières.*

Herman MELVILLE, *Moby Dick*

En 1863, le magazine *Atlantic Monthly* a publié une nouvelle qui racontait l'histoire d'un lieutenant américain fictif, Philip Nolan. Dans le texte, Nolan renonce à sa citoyenneté dans un accès de colère au cours de son procès pour trahison. Le juge le condamne à passer le reste de ses jours en mer, d'un bateau à l'autre, et à ne plus jamais entendre parler de sa patrie.

Le lieutenant quitte les États-Unis la tête haute, mais, bien vite, il se rend compte que son pays lui manque plus que sa famille, que ses amis, et même que la terre ferme. Sur son lit de mort, il laisse un officier entrer dans sa cabine – transformée en « sanctuaire du patriotisme » – et demande à celui-ci des nouvelles de chez lui avant d'expirer.

Cette nouvelle d'Edward Everett Hale, intitulée « The Man Without a Country », se veut une mise en garde : soyez fidèle à votre patrie ou vous souffrirez une vie de malheur et d'exil. Déserter son pays d'origine est présenté comme l'ultime échec moral et l'apatridie, comme une tragédie, un destin bien pire que la mort.

Moins d'un siècle après la publication de la nouvelle de Hale, l'histoire de l'homme qui n'avait pas de pays s'est répétée, cette fois dans la vraie vie. Les raisons qui poussent les gens à renoncer à leur citoyenneté en disent long sur l'époque à laquelle ils vivent.

*
* *

Le 25 mai 1948, un vétéran américain de 26 ans nommé Garry Davis s'est présenté à l'ambassade des États-Unis à Paris, a renoncé à sa citoyenneté américaine, et s'est déclaré citoyen du monde.

Davis ne cherchait pas à échapper à la conscription ni à passer à l'Est. Il avait participé à la Seconde Guerre mondiale et n'avait rien contre les États-Unis en particulier ; de fait, le pays l'avait bien traité. Fils de Meyer Davis, un chef d'orchestre qui dirigeait plusieurs orchestres qui jouaient dans les clubs privés, les mariages et les bals de la haute société, le petit Garry avait grandi au milieu des vedettes et allait à l'école en limousine. Quand il avait été appelé au combat, il étudiait le théâtre au prestigieux Carnegie Institute of Technology et commençait une prometteuse carrière d'acteur – il était la doublure de Danny Kaye dans la comédie musicale *Let's Face It* de Cole Porter et, un soir, avait même pris sa place sur scène alors que l'acteur était cloué au lit avec une laryngite. « Je recevais des lettres d'admiratrices, des offres d'audition de la part de Columbia, et on m'a même fait des promesses pour un rôle important dans une comédie prévue l'année suivante, a-t-il écrit. Ma carrière d'acteur était toute tracée, jusqu'au moment où j'ai été mobilisé.»

En 1940, il est parti défendre son pays et est devenu pilote. Il a accompli des missions qui consistaient à survoler le Brandenburg à bord de son B-17 et à bombarder les villes au-dessous de lui. Son frère, Bud, est mort au combat en 1944 à Salerne, «son vieux torpilleur rouillé a explosé au tout début de l'invasion», se rappelait Davis. En deuil, il a alors prié pour avoir une occasion de venger son frère.

Pendant le bombardement de Peenemünde, une mission particulièrement difficile visant à détruire un site secret de fabrication d'armes allemandes, l'avion de Davis et de son copilote s'est écrasé en Suède. Ils ont tous deux été démobilisés peu après. Même si Davis n'avait pas encore réglé ses comptes avec les meurtriers de son frère, il a commencé à éprouver des remords. «J'ai commencé à douter de la moralité de punir les Allemands avec notre puissance de tir supérieure», peut-on lire dans le premier de ses sept livres, *My Country Is the World*. «Combien de bombes avais-je lancées? Combien d'hommes, de femmes et d'enfants avais-je assassinés? "N'y a-t-il pas une autre solution?", me demandais-je sans cesse.»

En 1944, Davis est rentré au bercail et a tenté de recoller les morceaux de sa carrière d'acteur. Plutôt que de se sentir comme une étoile montante de Broadway, il se sentait comme un «clown triste». Il craignait que la paix pour laquelle il s'était battu ne se détériore en une troisième guerre mondiale, et il était déçu par l'ONU, fraîchement créée, qui lui semblait «mort-née, un rassemblement glorifié de commères incapables de résoudre les problèmes majeurs du monde».

Il a commencé à comprendre que c'était le nationalisme, et non la nature humaine, qui était responsable du bain de sang qui avait eu lieu, et que le monde se porterait sans doute mieux si ses habitants n'étaient pas divisés selon des lignes arbitraires tracées par des accidents de l'Histoire. Deux millénaires plus tôt, Zénon et les stoïciens affirmaient que l'évolution morale commandait de dépasser les frontières pour adhérer à une communauté universelle. Après avoir vécu l'expérience d'une guerre dévastatrice, Davis était parvenu à la même conclusion.

À la même époque à peu près, un jeune diplômé de Harvard, Henry Martyn Noel, avait renoncé à ses papiers en 1947 avant de se rendre en Allemagne pour réparer une église bombardée. Après avoir lu l'article qui racontait cette histoire dans le *New York Times*, Davis a donc décidé de suivre cet exemple. Il s'est mis à imaginer un gouvernement mondial qui rassemblerait les gens au lieu de les diviser. «Cette idée est vieille comme le monde, elle remonte à la Grèce antique», m'a raconté Davis en 2012. «Ils s'appelaient les cosmopolites. Il y a 2 500 ans, Socrate disait: "Ne vous désignez pas simplement comme Athéniens ou Grecs, soyez des citoyens du monde."» C'est ainsi que Davis a décidé de devenir, officiellement, le tout premier citoyen du monde.

Mais pour commencer, il lui fallait renoncer à son passeport américain.

La loi américaine sur la nationalité exige que les citoyens américains se trouvent en sol étranger pour renoncer aux liens qui les unissent à leur patrie. C'est pourquoi Davis, comme de nombreux Américains désenchantés avant lui, est allé à Paris. À l'ambassade des États-Unis, place de la Concorde, il a expliqué ses motifs au consul stupéfait, jurant sur une Bible qu'il avait empruntée dans un hôtel qu'il était pleinement conscient de ce qu'il s'apprêtait à faire. Puis il est parti après être devenu un homme sans patrie.

«En sortant de l'ambassade dans la cour intérieure du bâtiment, j'ai ressenti une étrange liberté», a-t-il écrit dans ses mémoires. Il a aperçu deux *marines* armés qui faisaient le piquet à la sortie de l'édifice, «comme s'ils sortaient du Moyen Âge», et il a eu un peu pitié d'eux. «J'étais toujours le même, raconte-t-il. Tout ce qui avait changé ce jour-là, c'est que j'étais plus léger d'un passeport. Cette nuit-là, je dormis tout à fait illégalement.»

Davis a très vite appris ce que des millions d'apatrides aux quatre coins du monde ne savent que trop bien : sans papiers, il ne pouvait rester légalement en France, mais il ne pouvait pas non plus aller ailleurs. On lui a délivré un permis de résidence de trois mois qu'il a jeté aux ordures, parce que, disait-il, les documents «accordent un statut, une dignité et un privilège aux autorités qui les émettent plutôt qu'à leur titulaire». Quand son permis a expiré sans être renouvelé, il s'est fabriqué une carte d'identité internationale avec un bout de carton et est devenu le tout premier «citoyen du monde».

Le coup de théâtre de Davis ne s'arrêta pas là, il ne faisait que commencer à jouer le rôle de sa vie. L'automne venu, l'Assemblée générale des Nations Unies s'est installée à Paris pendant trois mois. Ses bureaux, situés dans le palais de Chaillot, sont devenus territoire international. Davis, de son côté, était encore essentiellement un sans-abri. L'occasion était trop belle pour ne pas en profiter : n'était-ce pas l'endroit tout indiqué pour accueillir un citoyen du monde ?

Le 12 septembre, Davis s'est installé dans le restaurant des Nations Unies, le seul endroit de l'établissement où il avait pu entrer. Il n'avait qu'une Bible, une machine à écrire, et les vêtements qu'il portait.

La presse l'adorait, et pour cause : l'histoire de Garry Davis était aussi l'histoire du siècle. À l'époque, l'Europe tentait encore d'apprivoiser les frontières que des décennies de conflit avaient sans cesse déchiquetées, dispersées et redessinées, faisant du même coup des millions de réfugiés. De plus, en raison des guerres, le contrôle des passeports était devenu plus strict que jamais et ceux qui ne possédaient pas de documents de voyage valides se faisaient dire de rentrer chez eux même s'ils n'avaient pas de lieu sûr auquel retourner.

Une des premières solutions au problème des apatrides migrants, le passeport « Nansen », a été imaginée dans les années 1920 par Fritjof Nansen, homme d'État et explorateur norvégien qui occupait alors le poste de commissaire pour les réfugiés à la Société des Nations (SDN). Son mandat initial était de proposer un plan d'action pour les nombreux Russes blancs réfugiés qui avaient fui leur pays après la révolution de 1917 avant de voir leur nationalité révoquée en vertu d'un décret de dénationalisation en 1922. Nansen a alors proposé un document supranational qui devait permettre aux apatrides et aux réfugiés d'immigrer et de voyager. Le 5 juillet 1922, les représentants de 16 gouvernements ont ratifié ce traité et, à la fin des années 1920, plus de 50 pays reconnaissaient le passeport Nansen comme document d'identification valide. « L'émergence du passeport Nansen montre de manière éloquente comment la montée des nationalismes et les conflits idéologiques pouvaient susciter un internationalisme plus puissant », écrit Mark Mazower dans *Governing the World*, une histoire des organisations internationales. « À mesure que les États-nations adoptaient des lois sur la citoyenneté qui excluaient des minorités ou, dans le cas de la Russie, les dissidents politiques, les gens se retrouvaient coincés dans les aléas de la guerre, titulaires de documents temporaires ou d'extraits de naissance délivrés par des empires défunts. Le passeport Nansen permettait de contourner ce nouveau problème, et au bout du compte, quelque 450 000 passeports Nansen furent délivrés. »

On n'a plus les hommes d'État qu'on avait : Nansen était un intellectuel passionné, un docteur en zoologie qui multipliait les expéditions au pôle Nord, lauréat du prix Nobel de la paix en 1922 pour son travail humanitaire. Le legs qu'il a laissé au monde est, encore aujourd'hui, bien vivant. Parmi les plus célèbres détenteurs d'un passeport Nansen on trouve Vladimir Nabokov, Igor Stravinsky et Ivan Sobolev, un cosaque biélorusse qui a déserté son régiment russe au Turkistan oriental avant de faire le tour du monde en vélo et en motocyclette pendant deux ans. Sobolev a raconté ses aventures dans un livre intitulé *Nansen Passport*, des péripéties qui rappellent le vieux mot prussien pour passeport, *wanderbuch*, qui signifie « livret de voyages ».

À la même époque, le passeport national était devenu un document banal en Occident. Pendant près de deux siècles, les gouvernements avaient délivré des cartes d'identité nationale à leurs citoyens, davantage dans l'optique de limiter leurs déplacements que pour leur permettre de voyager librement. Dans *L'invention du passeport*, John Torpey, professeur de sociologie et d'histoire à la City University de New York, décrit l'émergence du régime des passeports comme un processus qui « condamne les individus à dépendre de l'État pour acquérir une "identité", dont ils ne peuvent que difficilement s'affranchir et qui peut soumettre à caution leur accès à certains espaces ».

En France, pendant la Révolution, le fait d'exiger des Français qu'ils transportent des documents d'identification en tout temps était très controversé. Lorsque les législateurs français en ont débattu, un fervent opposant a affirmé qu'une « nation qui proclame sa constitution ne peut enchaîner la liberté de ses citoyens à un concept aussi rigide, et qu'une révolution qui se targue de la destruction des passeports doit s'assurer de fournir à ses citoyens des mesures suffisantes pour leur garantir la liberté de voyage, même en temps de crise ».

Torpey remarque que les pays ont commencé à se définir en prenant un angle non plus strictement culturel, politique ou militaire, mais aussi sur le plan administratif : « L'apparition des passeports et du contrôle des déplacements constitue un aspect fondamental de "l'étatisme" des États. »

Selon Mark Mazower, toutefois, il a fallu attendre le début de la Première Guerre mondiale pour que les passeports soient utilisés à vaste échelle. En 1920, la SDN a convoqué une assemblée pour standardiser les passeports, un événement qui témoignait de l'importance grandissante du document à l'époque. Ainsi, le contexte dans lequel a surgi l'initiative de Nansen était important : à l'époque où la fièvre patriotique s'emparait de nombreux pays, l'idée d'un document supranational était révolutionnaire.

Révolutionnaire, certes, mais insuffisante aux yeux de Garry Davis. La SDN et l'ONU qui l'a remplacée ne se sont aucunement engagées à mettre fin à la souveraineté des États, or Davis était convaincu que tous les êtres humains devraient former une communauté sans frontières, inclusive, quasi universelle. Cette façon de voir le cosmopolitisme était très en vogue à l'époque : des intellectuels comme Albert Einstein (apatride pendant un certain temps), Albert Camus et Buckminster Fuller ont tous plaidé, à un moment de leur vie, pour une variante de l'idée de gouvernement mondial. Aux États-Unis, le mouvement fédéraliste mondial gagnait du terrain qui espérait unir l'humanité entière pour éviter une autre guerre. Le 5 juin 1948, dans un numéro consacré à Davis, l'éditorial du *New Yorker* affirmait que « renoncer à sa citoyenneté américaine pour devenir un citoyen du monde est un geste fascinant ». L'auteur du texte ajoutait tout de même « qu'un homme sans patrie est mal placé pour épouser la planète entière, parce qu'il est trop occupé à répondre aux interrogations que ses gestes suscitent ». De son côté, la *Montreal Gazette* déclarait que l'impact de Davis sur le monde était plus fort que ce qu'on pouvait imaginer. D'autres organes de presse ont manifesté leur curiosité, quoique parfois avec moins de sympathie : la *Pravda* l'a traité de « maniaque qui exporte l'idée américaine d'un gouvernement mondial, comme les œufs en poudre et les romans d'espionnage », et le *New York Daily Mirror* l'a accusé d'être un espion soviétique.

Davis était un cabotin. Quand les autorités ont essayé de le forcer à quitter l'ONU, il les a informés que son expulsion du territoire international représenterait une violation de la loi française, puisqu'il n'avait pas de papiers et que la France lui avait refusé un permis de résidence. «Mais vous êtes encore à Paris», lui a rétorqué un policier. «*Mais oui*, a répondu Davis en français. C'est bien Paris ici, mais pour le moment c'est un Paris international.»

Il est donc resté dans l'enceinte de l'ONU pendant une semaine, multipliant les discours, les déclarations et les échanges avec un public grandissant. De vieilles dames françaises apportaient du foie gras, des bouteilles de vin et des biscuits. Il a reçu tellement de victuailles et de vêtements qu'il en a fait don à des organismes de charité. Une ribambelle hétéroclite de militants, de pacifistes et d'idéalistes s'est rassemblée autour de la tente que Davis avait installée sur la terrasse du restaurant pour lui poser toutes sortes de questions et lui offrir leur soutien. Robert Sarrazac, un ancien soldat de la Résistance qui partageait les opinions de Davis, lui a présenté Albert Camus, André Breton, ainsi que des dizaines d'autres intellectuels français, qui ont décidé ensemble de faire une déclaration à l'Assemblée générale des Nations Unies.

Le 19 novembre, Davis s'est introduit dans la salle de conférence des Nations Unies, accompagné de Camus, Sarrazac et d'une cinquantaine d'autres sympathisants dont certains avaient amené des caméras, des micros et des magnétophones. Il est resté à l'écart sur un balcon, en attendant une accalmie, et lorsque son caméraman lui a donné le signal, il a commencé à lire sa déclaration : «Monsieur le président, chers délégués, permettez-moi de vous interrompre au nom du peuple du monde qui n'est pas représenté ici.» Les agents de sécurité l'ont rapidement escorté vers la sortie, mais Sarrazac a pris le relais et, avec les autres, il a poursuivi le spectacle pendant près d'une demi-heure.

Le lendemain, le nom de Davis était sur toutes les lèvres. Au cours des mois qui ont suivi, des centaines d'associations de « citoyens du monde » ont vu le jour en Europe, et des villes entières se sont déclarées « villes du monde ». À Paris, des groupes de soutien ont distribué des tracts pour soutenir la cause de Davis qui donnait régulièrement des conférences de presse sur le sujet. En décembre, Sarrazac et ses camarades ont organisé un discours de Davis au vélodrome d'Hiver qui a attiré près de 20 000 spectateurs.

Dans les années 1940, Davis est devenu l'emblème de la citoyenneté mondiale. Un jour, il a volé pour 47 dollars de sous-vêtements féminins pour que la France l'emprisonne au lieu de le déporter. Il a fini par être renvoyé aux États-Unis, mais très vite, il s'est embarqué clandestinement sur un bateau à destination du Havre, avant d'être intercepté par des gardes frontaliers, puis expédié une fois de plus en Amérique. De retour aux États-Unis, il s'est retrouvé en cour, mais le juge lui a souri d'un air paternel, l'a condamné à une semaine de prison, puis a suspendu sa sentence avant de le libérer sans condition. Ses pérégrinations l'ont mené en Afghanistan, au Pakistan, en Iran et aux Pays-Bas. Contre toute attente, il est parvenu à entrer dans de nombreux pays en présentant le passeport mondial qu'il s'était fabriqué lui-même, mais il s'est aussi souvent fait incarcérer. Chaque coup de tampon dans son passeport et chaque interpellation ont permis de valider son statut de citoyen du monde. Il a été pris en photo avec le premier ministre indien Jawaharlal Nehru. Il a correspondu avec Eleanor Roosevelt et Albert Schweitzer.

À Washington, Davis a également mis sur pied la World Service Authority (WSA), une organisation principalement composée aujourd'hui de stagiaires idéalistes et d'étudiants en droit. La WSA déclare avoir délivré des passeports mondiaux et des cartes d'identité internationales à plus de 2,5 millions de personnes qui n'ont eu qu'à débourser 45 dollars et à remplir un bref formulaire. Certains titulaires ont réussi à traverser des frontières avec ces documents ; d'autres n'ont aucune autre pièce d'identité. J'ai moi-même reçu mon passeport mondial en 2012, gratuitement de surcroît, mais je n'ai traversé aucune frontière avec – sauf celle qui séparait la rue et l'intérieur d'un café.

J'ai contacté Davis pour la première fois en 2011, alors que je rédigeais un article sur les Américains qui renoncent à leur citoyenneté pour des raisons fiscales. Après plusieurs mois d'échanges épistolaires et d'appels téléphoniques, nous nous sommes enfin rencontrés au printemps 2012. (Davis avait tendance à m'appeler n'importe quand, juste pour bavarder.) Il m'a dit de le retrouver au Sheraton du centre-ville de Manhattan – où aurait lieu, l'année suivante, le chic gala des prix Global Citizen de la Clinton Global Initiative.

Pas de gala ce jour-là pour Davis. En fait, il n'avait même pas de chambre à l'hôtel. Je l'ai trouvé installé dans un coin du lobby, au milieu de brochures, de documents et de sacs, une banderole verte et blanche des « Citoyens du monde » dépliée sur une chaise. « Quand je donne des interviews, il me faut toujours le drapeau, pour montrer que je suis souverain », m'a-t-il dit en me saluant. À 90 ans, sans le sou et ayant grandement besoin d'une douche, il m'a fait l'effet d'un personnage un peu tragique. Il était assis tout seul avec ses tracts froissés, éparpillés autour de lui qui faisaient comme une courtepointe chaotique – l'empereur d'une nation unitaire. Il avait consacré sa vie entière à remettre en question ce qu'être citoyen veut dire, et à défendre une vision équitable et inclusive de l'humanité qui transcenderait les frontières nationales, raciales, politiques et religieuses. Au tournant du xxie siècle, sa vision – bien qu'ayant été non seulement reconnue, mais aussi débattue et même célébrée après la guerre – a commencé à être considérée comme irréalisable et excentrique. Dans le flamboyant hôtel, ce Roi pêcheur était entouré de gens venus de partout dans le monde, leur passeport toujours en main, qui ne le voyaient même pas. Malgré tout, Davis se montrait optimiste quant aux possibilités qu'offrait la technologie pour mener à l'avènement d'une nouvelle ère de la citoyenneté mondiale :

« Avec la technologie et les appareils électroniques, nous avons éliminé les distances et le temps qui séparaient les gens. Nous sommes tous là, ensemble. Nous sommes tous là ! C'est incontestable. Le fait que nous soyons encore sujets des nations, ces institutions qui datent du xviiie siècle, est parfaitement absurde ».

L'été suivant, en juillet 2013, Davis est entré dans une maison de retraite de Burlington, dans l'État du Vermont, où il avait longtemps vécu. Il s'était marié à trois reprises – dont une fois en mer – et avait eu quatre enfants qui avaient les citoyennetés canadienne, française, britannique et américaine. Il n'était en bons termes qu'avec un seul d'entre eux. Il est mort six jours plus tard, trois jours avant son 92e anniversaire, et des quotidiens du monde entier lui ont consacré une notice nécrologique qui racontait ses aventures.

Davis est un produit de son époque : idéaliste, traumatisé par la guerre, grisé par la possibilité d'un monde différent et uni. Darren O'Byrne, professeur en sociologie de l'université de Roehampton, spécialiste des droits humains, connaissait personnellement Davis et lui a consacré un chapitre dans son livre *Human Rights in a Globalizing World*, où il explique que grâce à l'engagement total de Davis, dans les conditions de l'époque, sa version de la citoyenneté mondiale était un concept bien plus pragmatique et novateur qu'utopique. « Les stoïciens se déclaraient citoyens du monde, ce qui voulait dire qu'ils s'identifiaient à tous leurs confrères humains, que ce soit devant Dieu ou en tant que peuple. Mais à l'ère de la mondialisation, ce qui se passe sur la planète a un impact mondial sur nos vies. Aujourd'hui, il faut s'engager politiquement et concrètement, beaucoup plus que n'ont eu à le faire les générations précédentes. »

Il est possible que les jeunes militants d'aujourd'hui rejettent les idées de Davis sous prétexte qu'elles sont déconnectées de la réalité, surtout lorsqu'on tient compte du peu de succès qu'ont eu ses efforts pour mettre fin au nationalisme. Mais il faut considérer l'ampleur des bouleversements auxquels Davis a assisté tout au long de sa vie. Il a livré de petites batailles aux postes frontaliers à l'époque où le transport aérien devenait accessible à un public de plus en plus grand ; il a fait circuler son plaidoyer pour un gouvernement mondial au moment où les lignes téléphoniques, les télécopieurs, les téléphones cellulaires et les ordinateurs nous aidaient à surmonter les obstacles de la distance, de l'espace et du temps.

À la fin de sa vie, Garry Davis a vu des acteurs non étatiques comme Al-Qaïda contraindre les nations à redéfinir leurs façons de faire la guerre. Des organisations supranationales telles WikiLeaks et Anonymous mettent ces guerres en cause avec des mines de renseignements précieux. Les crises environnementales qui menacent la planète entière révèlent les failles de notre système de gouvernance internationale et mettent en péril l'existence même de nombreux pays.

Davis avait prédit tout cela. Avant même que les zones franches, les ports francs et les aéroports ne deviennent indispensables pour la mondialisation, Davis a imaginé des façons de les exploiter. Il a essentiellement profité de brèches comme celle qui a permis à Julian Assange, le fondateur de WikiLeaks, d'obtenir un refuge à l'ambassade d'Équateur à Londres – où il croupit toujours au moment d'écrire ces lignes. C'est le même outil qu'Edward Snowden a utilisé pendant son séjour à Cheremetievo, l'aéroport de Moscou, après avoir dévoilé des données de la National Security Agency (NSA) depuis sa chambre d'hôtel à Hong Kong et être parti en cavale.

Quelques semaines avant sa mort, au journal télévisé de la chaîne CBS, Davis a déclaré avoir envoyé un passeport mondial à Snowden.

*

* *

Lorsqu'il voyage, Roger Ver se fait un point d'honneur de porter son vêtement favori : un t-shirt vert orné d'une sérigraphie représentant un globe terrestre avec cette phrase : « Les frontières sont des lignes imaginaires. »

Cependant, quand je l'ai rencontré à l'hôtel Marriott de Saint-Kitts, non loin de son appartement en bord de mer, le plus ardent défenseur de la célèbre cryptomonnaie bitcoin apprenait à ses dépens que ces lignes ont beau être imaginaires dans sa tête, elles sont d'une importance considérable

dans la vraie vie – même pour un jeune homme blanc originaire de Californie qui a investi des fortunes dans les nouvelles technologies.

Ver est né aux États-Unis en 1979. Après avoir décidé de
couper tout lien avec un pays qu'il considérait comme vio-
lent, coercitif et immoral, il s'est lancé en quête d'un nouveau passeport. Après un faux départ – une arnaque en
ligne, un voyage au Guatemala, un faux passeport d'un pays
latino-américain, et des dizaines de milliers de dollars jetés
par les fenêtres –, Ver a acheté un passeport de Saint-Kitts-
et-Nevis en toute légalité, avant de renoncer à sa citoyenneté
américaine en 2014.

Un an plus tard, il a rempli une demande de visa pour
assister à un colloque sur le bitcoin à Miami, en Floride, pré-
sumant que les États-Unis le laisseraient entrer sans problème : il ne risquait pas de rester dans le pays illégalement
ni d'abuser de la sécurité sociale.

Bien qu'il y ait un article d'une loi de 1996 qui permette
aux autorités américaines d'interdire l'entrée à certaines
personnes ayant renoncé à leur citoyenneté, la demande de
visa de Ver a été rejetée sous prétexte qu'il n'était pas en
mesure de prouver qu'il ne revenait pas au pays pour de bon.
Il a répondu avec des preuves supplémentaires, à deux
reprises ; il a essuyé deux refus de l'ambassade.

« Croyez-vous vraiment que je voudrais retourner aux
États-Unis ? Je ne peux pas croire qu'on me soupçonne de
vouloir aller vivre là-bas », me dit-il, la colère dans la voix.

Le refus était particulièrement cuisant pour quelqu'un
dont les opinions et la profession étaient celles de Ver. Même
s'il a renoncé à son passeport des États-Unis, Ver a gardé
cette obsession pour la liberté individuelle si caractéristique

des Américains. Il passe une grande partie de son temps à donner des conférences pour prêcher le potentiel révolutionnaire du bitcoin qui nous libère des frontières, des gouvernements, et de ce que Davis décrit comme « un tunnel caverneux, bureaucratique et barbare, orné de points et de gribouillis, et soumis au règne absolu des tampons de caoutchouc ».

D'un autre côté, cette série de refus n'est pas si surprenante. Ver est le premier à admettre que ses relations avec les autorités américaines ont toujours été tendues. En 2001, il s'est présenté aux élections de l'Assemblée législative de Californie en qualité de candidat libertarien. Son programme était d'une simplicité pour le moins rafraîchissante : « MOINS D'IMPÔTS. MOINS DE DÉPENSES. MOINS DE LOIS. » Il a été défait.

L'année précédente, il avait fondé Memory Dealers, une entreprise qui vendait des pièces d'ordinateur et avait connu un succès considérable, jusqu'à ce qu'en 2002, des enquêteurs fédéraux l'arrêtent pour avoir vendu des explosifs sur eBay et le condamnent à dix mois de prison. Convaincu qu'il subissait des représailles pour les déclarations antisystème qu'il avait faites pendant sa campagne électorale, il a donc décidé de « la fermer » dorénavant lorsqu'il s'agirait de politique. Il a passé les dix années suivantes au Japon, une décision qu'il a prise, dit-il, après avoir fréquenté une Japonaise qui vivait aux États-Unis.

En 2011, Ver a découvert la cybermonnaie numérique bitcoin dans laquelle il a immédiatement investi. C'était une véritable révélation pour lui et son enthousiasme l'a poussé à promouvoir publiquement le bitcoin, n'en déplaise aux autorités. « L'argent sans frontières, c'est un monde sans frontières, répète-t-il à qui veut bien l'entendre. Le bitcoin, c'est l'avenir. » Non seulement le bitcoin s'accordait-il parfaitement aux opinions politiques de Ver, mais la cybermonnaie a fait de lui un homme riche. En effet, lorsqu'il a décidé d'investir dans cette nouvelle devise, le bitcoin valait environ un dollar. Avant même la fin de l'année, toutefois, sa valeur est montée en flèche et Ver est devenu millionnaire. Lorsque je l'ai rencontré à Saint-Kitts, il m'a aidée à créer un portefeuille de bitcoin virtuel sur mon iPhone et, quelques instants plus tard, il m'a transféré l'équivalent de 20 dollars en bitcoin, ce qui correspondait à moins d'un dixième de bitcoin. En février 2015, une seule unité valait 240 dollars, contre 1 200 dollars à son plus haut en 2013.

Dès qu'il a eu assez d'argent, Ver a fait ce qu'il rêvait de faire depuis des années : il s'est acheté un nouveau passeport, a renoncé à sa citoyenneté américaine, et est devenu propagandiste du bitcoin à temps plein. Il n'avait pas vraiment entendu parler de Garry Davis, mais ses raisons pour quitter les États-Unis étaient elles aussi essentiellement politiques : Ver ne voulait soutenir son pays natal d'aucune façon, ni par son allégeance ni par ses impôts. Tout comme Davis, Ver ne croit pas en la citoyenneté nationale, qu'il trouve injuste et contraignante. Il juge que c'est à lui de choisir sa nationalité, pas au destin (ni à Big Brother).

Ver se souvient du jour où il a coupé les ponts avec les États-Unis comme de l'un des plus beaux moments de sa vie. Il regrette uniquement de ne pas l'avoir fait plus tôt. N'empêche, il n'a pas pour autant décidé de devenir apatride, ç'eût été un inconvénient beaucoup trop lourd pour ce globe-trotter invétéré. En ce sens, Roger Ver est lui aussi un homme de son époque.

Ver est un homme charismatique : rasé de près et rayonnant, il sourit beaucoup et garde la forme grâce au jiu-jitsu qu'il pratique depuis qu'il a vécu à Tokyo. « Je ne voulais pas devenir un Américain obèse », me disait-il tout en écrivant un texto à son entraîneur sur l'un de ses trois téléphones, entre deux bouchées de plantain et de gruau qu'il engloutissait en prévision d'une séance d'entraînement acharné.

Comme les missionnaires de tout acabit, Ver a un enthousiasme contagieux et des manières – consciencieusement polies, voire mécaniquement attentionnées – qui servent bien son message de salut. À 35 ans, il représente la nouvelle génération de citoyens du monde, sans allégeances ni racines. Tandis que la position de Davis se nourrissait des idées qui circulaient au sortir des grandes guerres, celle de Ver repose sur un mélange curieux de croyances idéologiques qui ont gagné du terrain depuis le développement du secteur technologique en Californie, d'une part, et sur le capitalisme débridé qui domine aujourd'hui. En bon libertarien, Ver croit que le monde serait plus libre, plus heureux, plus paisible et plus juste si on laissait le libre marché dicter qui fait quoi, où, quand et comment. Sa propre philosophie morale est fondée sur la propriété de soi et l'intérêt personnel éclairé ; sa gravité nasillarde rappelle celle d'un adolescent qui vient de lire Ayn Rand pour la première fois et ne supporte plus de garder pour lui le potentiel révolutionnaire de l'individualisme.

Lorsqu'il prêche que la technologie va nous offrir une vie meilleure, Ver véhicule une étrange variété d'utopisme technologique que l'écrivain Evgeny Morozov appelle « solutionnisme » et définit comme une « une pathologie intellectuelle qui reconnaît les problèmes comme des problèmes sur la base d'un seul critère : peut-on les résoudre par une solution technologique propre et agréable à notre disposition ? » Les solutionnistes croient que la technologie peut régler des problèmes tels le financement des infrastructures, l'efficacité de la recherche médicale, et même la mort. Ver (qui fait constamment des commentaires, avec visiblement beaucoup d'inquiétudes, sur son âge) est convaincu que nous serons un jour capables d'inverser le processus de la vieillesse et de rester jeunes à tout jamais : « J'espère que nous finirons par fusionner avec des cyborgs. Nous devrions être faits de silicone, car la chair humaine est, avouons-le, plutôt faible, rêvasse-t-il. J'adorerais pouvoir ne pas manger ni dormir et ne jamais être de mauvaise humeur ou fatigué. »

Ver a même demandé que son corps soit cryogénisé à sa mort – pour être éventuellement ressuscité. Son charme juvénile camoufle ce qui, chez un homme plus âgé et moins attirant, révélerait immédiatement la profonde paranoïa qui pousse certains conspirationnistes à s'affubler de chapeaux d'aluminium pour se protéger du harcèlement psychotronique.

Hormis les zombies, le problème le plus fondamental que la technologie peut résoudre, selon Ver, est celui des frontières, car les nations et leurs gouvernements s'ingèrent dans la vie des gens et empêchent ceux-ci d'être véritablement libres. Le fait que des frontières nationales et les caprices d'un bureaucrate américain l'aient empêché d'aller prêcher la bonne nouvelle du bitcoin au colloque de Miami a donc été particulièrement insultant. Après tout, cet homme est quand même celui que l'on surnomme le « Jésus du bitcoin ».

« Les choses se sont moins bien passées pour le vrai Jésus », a précisé Ver après s'être indigné contre ses « tyrans ».

« Son propre gouvernement l'a assassiné. J'espère que ça ne m'arrivera pas à moi. »

Le bitcoin est un système de paiement numérique et décentralisé qui est entièrement autonome, c'est-à-dire qu'il n'est pas régulé par les banques. Créés en 2009 par un internaute connu sous le pseudonyme de Satoshi Nakamoto, les bitcoins sont « minés » par des ordinateurs qui compilent les transactions précédentes. Une fois qu'elles sont confirmées, le réseau transforme ces transactions en « chaînes de blocs » cryptographiées, une sorte de grand livre comptable en constante évolution qui est sauvegardé sur les ordinateurs de tous les détenteurs de bitcoins. Ainsi, aucune transaction ne peut mener à son acheteur ou son vendeur, ce qui signifie que les internautes peuvent acheter des biens de façon tout à fait anonyme. Ce système permet également de transférer de l'argent n'importe où dans le monde, sans frais bancaires afférents. Puisqu'il n'existe que sous forme de code, le bitcoin est vulnérable en matière de fraude et de vol, et certains économistes croient que d'ici quelques années, sa valeur déjà hautement volatile sera nulle. Pourtant, Ver continue de prêcher l'évangile sans la moindre réserve. Il opte pour une stratégie à long terme ; peut-être croit-il vraiment qu'il vivra pour toujours.

Avec le bitcoin, Ver imagine un avenir où les États-nations ne pourront réguler les activités commerciales des individus. « Le bitcoin est la monnaie mondiale, affirme-t-il. Le bitcoin se moque des frontières, il se moque de tout ça. Qu'on soit humain ou non, le bitcoin s'en moque aussi. Incroyable, non ? » Sur son site web, il définit la monnaie comme étant « l'invention la plus importante de toute l'histoire du monde depuis internet ».

Si Garry Davis a prouvé aux gens ordinaires qu'ils pouvaient élargir leurs allégeances et s'intéresser au monde au-delà des frontières de leur ville natale ou de leur région, la cohorte de Ver parle surtout de la possibilité de faire des transactions *à l'extérieur* des confins de l'État. Davis a inspiré des maires à proclamer leurs villes «villes du monde»; Ver et ses acolytes convainquent des entreprises du monde entier à accepter le bitcoin comme moyen de paiement valide. Davis sentait qu'il devait quelque chose à l'humanité tout entière; son cosmopolitisme faisait écho à celui des stoïciens, en ce sens qu'il était inclusif et universel. Ver, incorrigible cynique, perçoit la citoyenneté mondiale comme une porte de sortie; son cosmopolitisme est funeste.

*

*   *

On ne peut renoncer à la citoyenneté américaine sans parler d'argent. Ce n'est pas le cas pour la plupart des nationalités: le Internal Revenue Service (IRS) est la seule agence fédérale qui exige de tous les citoyens, peu importe s'ils habitent au Kentucky ou à Katmandou, qu'ils remplissent une déclaration d'impôts chaque année. En outre, les citoyens et résidents permanents américains doivent payer la différence entre le taux d'imposition de l'endroit où ils habitent et celui en vigueur aux États-Unis si leur revenu annuel dépasse 99 200 dollars. (La plupart des pays imposent leurs habitants en fonction de leur lieu de résidence, et non de leur nationalité.) La seule façon légale d'éviter cette facture salée est de renoncer à sa citoyenneté américaine. En tant que libertarien dévoué à la cause, Ver critique ouvertement l'idée de payer des impôts, mais il n'est pas nécessaire d'être un idéologue ou un voyou fiscal pour être agacé par les inconvénients d'être un citoyen américain résidant à l'étranger. En raison des efforts constants déployés pour pénaliser l'évasion fiscale, et du fait que les banques étrangères doivent rapporter au gouvernement des États-Unis les activités de leurs clients américains, de nombreux Américains décident de divorcer de leur patrie. L'année dernière, le département du Trésor des États-Unis dressait la liste des quelque 3 415 Américains qui ont renoncé à leur citoyenneté en 2014 ; une augmentation considérable par rapport aux quelques centaines de citoyens qui ont fait la même chose en 2008. (Certains avocats fiscalistes ainsi que Robert W. Wood, qui écrit régulièrement pour le blog du magazine *Forbes* sur le thème de la fiscalité et de l'expatriation, croient que cette liste de la honte est loin d'être exhaustive.) La demande est telle que les ambassades américaines à l'étranger ont créé des listes d'attente pour ceux qui souhaitent renoncer à leur nationalité[1].

Comme le taux d'imposition de nombreux pays est comparable, voire supérieur, à celui des États-Unis, le fait de renoncer à la citoyenneté américaine ne fait pas nécessairement économiser des tonnes d'argent aux émigrés. Cela dit, nombre d'ex-Américains de la classe moyenne m'ont avoué que le simple fait de ne plus avoir à composer chaque année avec l'IRS en vaut la chandelle. En effet, depuis 2010, les Américains qui vivent à l'étranger ont du mal à ouvrir un compte bancaire en raison du fardeau que représente

---

1. Patrick Cain, « Want to Shed U.S. Citizenship? Get in Line », *Global News*, 21 août 2014, http://globalnews.ca/news/1519628/want-to-shed-u-s-citizenship-get-inline.

l'obligation, pour les banques, de reporter leurs transactions aux autorités fiscales américaines en vertu d'une nouvelle loi, le Foreign Account Tax Compliance Act (FATCA).

Rappelons aussi que renoncer à son passeport pour des raisons fiscales coûte cher. Il faut en effet payer des frais de 2 350 dollars, en plus de prouver qu'on est à jour dans ses impôts. Ceux dont les actifs nets dépassent les deux millions de dollars doivent également s'acquitter d'une « taxe de sortie[2] », calculée selon la valeur totale des actifs au dernier jour de bourse avant leur expatriation. (À l'époque de notre entretien, Ver m'a dit qu'il attendait toujours de découvrir le montant qu'il devrait à son ancien gouvernement.)

Renier sa citoyenneté américaine peut néanmoins permettre de faire des économies considérables à long terme. En 2012, le cofondateur de Facebook, Eduardo Saverin, a été critiqué pour avoir déserté les États-Unis et s'être installé à Singapour – où, comme à Saint-Kitts, il n'y a pas d'impôt sur les gains en capital – juste avant que le réseau social fasse son premier appel public à l'épargne. Le *Wall Street Journal* a estimé qu'il économisait ainsi plus de 700 millions de dollars. Or, lorsque Saverin était petit, sa famille avait quitté son Brésil natal pour les États-Unis en quête d'une vie meilleure, ce qui a aggravé son cas. Cette façon de choisir la citoyenneté, la résidence et l'imposition « à la carte » est une insulte à la notion traditionnelle d'appartenance à un pays, indissociable des droits et des responsabilités qui en découlent.

« Voilà une *success-story* américaine qui a mal tourné », a déclaré le sénateur de l'État de New York, Chuck Schumer,

---

2. IRS, « Expatriation Tax », 13 mai 2016, www.irs.gov/Individuals/International-Taxpayers/Expatriation-Tax.

avant de présenter le projet de loi Ex-PATRIOT (Expatriation Prevention by Abolishing the Tax-Related Incentives for Offshore Tenancy Act). «M. Saverin souhaite retirer les États-Unis de sa liste d'amis simplement pour éviter de payer des impôts. Nous n'allons pas le laisser se tirer d'affaire.»

«J'ai payé et je continuerai de payer les impôts que je dois pour chaque dollar que j'ai gagné lorsque j'étais citoyen américain, de rétorquer Saverin. Je trouve malheureux que mes choix personnels aient suscité un débat public, nourri non pas de faits véridiques, mais exclusivement de spéculations et de désinformation.»

Ce n'est pas une coïncidence si Ver et Saverin sont tous deux des noms importants de l'industrie technologique, un secteur qui vise à transformer tout type de commerce en service personnalisé et pratique, et cherche à bouleverser l'entreprise traditionnelle pour la rendre plus rapide, plus facile et moins coûteuse. Étant donné ces priorités, la citoyenneté ne pourrait-elle pas être la prochaine sur la liste? Les «solutionnistes» qui gravitent autour de Ver comptent parmi les plus fervents et influents partisans d'un monde sans frontières qui serait habité de citoyens mondiaux. John Perry Barlow, le fondateur de l'organisation de défense des droits numériques Electronic Frontier Foundation et parolier pour le défunt groupe Grateful Dead, met en garde les gouvernements du monde entier contre leur propre obsolescence dans la «Déclaration d'indépendance du cyberespace», qu'il publie en ligne en 1996 après l'avoir rédigée à Davos: «Gouvernements du monde industriel, géants fatigués de chair et d'acier, je viens du cyberespace, nouvelle demeure de l'esprit. […] Je déclare que l'espace social global que nous construisons est indépendant, par nature, de la tyrannie que vous cherchez à nous imposer. »

Aujourd'hui, on ne trouvera certainement pas les héritiers de Barlow en train de camper sur le parvis de l'ONU, pas plus qu'on ne les entendra chanter *We Are the World*. Mais on peut les écouter répéter que puisqu'une si grande portion de nos vies se déroule maintenant en ligne, notre vie hors ligne devrait atteindre le même niveau de fluidité, et que la citoyenneté mondiale n'est pas un idéal utopique, mais un *fatum* technologique et historique. (Ainsi, les mordus de technologie reprennent sans le savoir le discours de Marx qui affirmait que l'évolution technologique est un catalyseur du changement socioéconomique.)

Un tel discours repose sur une hypothèse erronée, comme le démontrent Jack Goldsmith et Tim Wu, professeurs de droit à Harvard et Columbia respectivement, dans leur livre publié en 2006, *Who Controls the Internet: Illusions of a Borderless World*. Loin de se complaire dans le laisser-faire que le web permet, les États ont non seulement investi dans le développement d'internet, mais ils ont mis la main sur le cyberespace, en recourant à des lois, des innovations technologiques telles que les filtres et les pare-feu, et des règles fiscales qui imposent des contrôles de type frontalier et empêchent les citoyens d'aller trop loin. Les gouvernements n'ont manifestement pas l'intention de consentir au bitcoin ni à aucune des transactions qu'il permet : en 2013, le FBI a mis fin aux activités de Silk Road, un marché virtuel crypté qui facilitait la vente de drogues et d'autres articles de contrebande à l'aide du bitcoin et d'autres technologies garantissant des transactions anonymes. Le fondateur de ce marché, Ross William Ulbricht – aussi connu sous le pseudonyme de Dread Pirate Roberts – a été condamné à la prison à vie en 2015 pour blanchiment d'argent, piratage et complot en vue de trafiquer des stupéfiants.

Selon Ver, tout le potentiel du bitcoin réside dans le fait qu'il est tellement crypté que les gouvernements ne peuvent pratiquement rien faire pour s'interposer.

Pendant ce temps, ses compatriotes intellectuels sont carrément en train de réarranger le monde en États de leur propre invention. Le Seastanding Institute, une association créée par le cofondateur de PayPal, Peter Thiel, promeut la création de *seasteads* (ou villes flottantes), des plateformes d'habitation construites en eaux internationales. Les petites îles n'existent pas encore – la technologie ne le permet pas tout à fait, et de toute façon, pour le moment, l'organisation ne compte pratiquement que des bénévoles excentriques, un peu comme la WSA de Garry Davis. La philosophie du Seastanding Institute soutient que l'État-nation et, par extension, la citoyenneté nationale sont des concepts désuets, et que les gens devraient pouvoir « voter avec leurs pieds » et décider sous quel genre de gouvernement (et de régime fiscal) ils souhaitent vivre. Puisque les océans sont considérés comme un territoire international, rien n'empêche ces aspirants pères fondateurs d'établir leurs propres pays dans ce *no man's land*, à supposer qu'ils en aient les moyens. Patri Friedman, petit-fils de l'économiste Milton Friedman, dirige cette organisation et mène ainsi les idées radicales de son grand-père sur le libre marché vers leur conclusion tout aussi logique qu'absurde.

« Les villes flottantes sont perçues comme la solution des ingénieurs aux problèmes politiques, et ça les rend très attrayantes pour les gens du secteur technologique, m'a expliqué Friedman en 2012. Si on trouve le moyen de construire des villes océaniques modulaires et abordables, on réglera d'un seul coup ce gros problème mondial.» Friedman parlait de la souveraineté des États comme d'une «industrie» ayant «une très haute entrave à l'accès, des frais de changement de fournisseur faramineux, et un exécrable service à la clientèle».

Ver a autant d'admiration pour ce projet que pour Friedman, dont les valeurs politiques font écho aux siennes. «J'ai compris que Patri était un chic type il y a au moins dix ans, lorsque j'ai vu sur son blog la photo d'un autocollant pour pare-chocs qui disait "Soutenez le libre-échange: faites de la contrebande".»

Ver a lui-même mis sur pied une entreprise qui permet de s'acheter un passeport de Saint-Kitts avec des bitcoins. Son site, Passports for Bitcoin, a beaucoup attiré l'attention des médias qui se scandalisaient («Quoi? On peut s'acheter une citoyenneté?») ou s'étonnaient («Avec du faux argent!»). Ses efforts sont tombés à l'eau quand le gouvernement de Saint-Kitts s'est dissocié du site, craignant qu'il n'entraîne des problèmes de sécurité. Quand je l'ai rencontré en février 2015, Ver était toutefois convaincu que Saint-Kitts, ou l'un de ses nouveaux concurrents caribéens dans le marché des passeports, finirait par changer d'idée.

«Avec Passports for Bitcoin je veux apporter la bonne nouvelle aux gens du monde: si vous avez assez d'argent, vous pouvez améliorer votre situation. Saint-Kitts est là pour vous aider. Je suis là pour vous aider.»

Chapitre 6

La lune et les étoiles

L E 31 DÉCEMBRE 2008, pour fêter le Nouvel An, la CGH a organisé une grande soirée portes ouvertes à l'hôtel Itsandra.
Bachar Kiwan avait pris les rênes de l'établissement l'année
précédente, et y avait lancé des rénovations majeures. Il avait
fait remettre les chambres et les cuisines à neuf, construire
des bungalows climatisés sur la plage, agrandir la plage, et
décorer la terrasse avec des roches volcaniques pour donner
une allure comorienne authentique à l'ensemble du décor.
Une boîte de nuit, dotée du tout premier guichet automa-
tique de l'archipel, devait venir couronner le tout sous peu.
Les travaux avaient coûté 1,2 million d'euros, soit le double
du montant prévu, et l'établissement avait dû faire venir des
travailleurs syriens en raison du manque de personnel qualifié sur place. Il y avait constamment des pannes d'électricité
et des problèmes d'approvisionnement en eau – problèmes
que les gérants acceptaient amèrement comme faisant partie
de leur quotidien.

Malgré tout, une lueur d'espoir persistait. Plus tôt ce
jour-là, en conférence de presse, le vice-président de la CGH

Ahmed Jaroudi avait repris la devise de l'entreprise : « Un nouveau jour se lève sur les îles de la lune. » Il avait promis que son entreprise transformerait Moroni en un « complexe qui attirera le monde entier, à l'instar des Palm Islands à Dubaï ».

« Quelles que soient ses ambitions, la CGH s'est assuré une présence forte et permanente aux Comores, et des liens étroits avec les élites privée et publique de la région », révélait un télégramme diplomatique américain daté du 5 janvier 2009. « Bien qu'il n'y ait rien de concret mis à part l'hôtel Itsandra, l'entreprise est très active ; on voit les dirigeants de la CGH partout en ville et à la une des journaux, flanqués d'investisseurs potentiels ou en train de signer des contrats. Il n'est pas rare d'apercevoir en une seule journée plus d'une douzaine de véhicules arborant le logo de la CGH à Moroni. »

À l'époque, Kiwan a obtenu le droit de construire des édifices commerciaux et résidentiels sur de vastes étendues de terre aux portes de la capitale. La CGH bénéficiait d'exonérations fiscales pour ses équipements de construction et a reçu l'autorisation d'ouvrir une entreprise de télécommunications sur l'archipel. La société avait aussi l'intention de fonder une compagnie aérienne. En avril 2009, les Arabes ont même inauguré une banque commerciale privée, la Banque fédérale de commerce, présidée par le cheikh Sabah et fondée au capital de 12 millions de dollars, dont 9 qui provenaient directement de la poche de Kiwan, selon ce que rapporte *Africa Intelligence*, un site d'actualités qui couvre la région de l'océan Indien. Le long de la route de l'aéroport, la CGH a placé de gigantesques panneaux publicitaires pour promouvoir le Corniche Grande Comore, un développement immobilier qui, sur papier, ressemblait davantage au plateau de tournage d'un film de science-fiction qu'à un projet réaliste pour un terrain constitué essentiellement de roches volcaniques. La CGH projetait en effet d'y construire plus de 16 800 mètres carrés de bureaux, 14 200 mètres carrés d'espaces commerciaux et 7 400 mètres carrés d'appartements, sans compter un hôtel de luxe, un centre d'affaires et une marina.

L'entreprise a également obtenu une concession de l'État pour bâtir des habitations autour d'un lac de cratère qui surplombe l'océan à l'extrémité nord de l'île de Grande Comore. Le projet, baptisé Jannat al Kamar (ou « le paradis aux Comores »), était décrit par les diplomates étrangers comme le « joyau » du portefeuille de la CGH. De plus, Kiwan a engagé la firme de consultants Syrian Center for Advanced Sciences (SCAS) pour esquisser une foule d'autres projets, dont un centre d'appels français, une serre et un marché de légumes, un hôpital privé de 75 lits destinés à répondre aux éventuelles « hordes de touristes » ainsi qu'à la « population expatriée qui affluera[it] dans l'archipel en raison des nombreuses occasions d'affaires », un programme d'électricité prépayée, un téléphérique menant au sommet du volcan ainsi qu'une ferme laitière avec des vaches importées des Pays-Bas. Le coût de l'ensemble de ces projets dépassait les 300 millions de dollars, selon *Africa Intelligence*.

« Les projets étaient grandioses. On ne pouvait imaginer mieux », a affirmé l'ancien ministre des Affaires étrangères, Mohamed Sagaf. « On nous présentait des vidéos promotionnelles pour le projet Corniche, pour le port… On nous promettait vraiment le paradis aux Comores. Pour nous, c'était inimaginable, mais pour les Arabes, c'était possible.

On avait bien vu qu'ils avaient réussi leur coup à Dubaï, après tout.»

Un cadre supérieur de la CGH – qui a voulu garder l'anonymat, mais que nous appellerons Malik – m'a raconté que tous les Comoriens allaient sur la corniche pour voir ce qu'il y aurait bientôt là-bas : « Bachar faisait rêver les Comoriens. Même moi j'étais convaincu qu'il y construirait quelque chose un jour.»

L'assurance de Kiwan a donné l'impression aux Comoriens qu'il financerait tous ces projets, mais la CGH n'était pas en mesure de le faire. Le plan consistait plutôt à attirer des investisseurs étrangers en présentant l'archipel dans le cadre de deux conférences, dans la ville de Koweït et à Doha, capitale du Qatar, au début de 2010. Ces événements étaient commandités par les chambres de commerce des Comores et du Koweït, le Programme des Nations Unies pour le développement (PNUD) et la Ligue des États arabes. Kiwan a ressorti ses vieilles astuces : il a fait venir les délégués comoriens en jet privé et les a fait séjourner dans un hôtel cinq étoiles, comme l'a remarqué *Africa Intelligence*. Les conférences ont eu lieu comme prévu, et les projets de Kiwan pour les Comores y ont été présentés en long et en large.

Malheureusement, les investisseurs présents n'ont finalement soutenu aucun des 12 projets que Kiwan leur a présentés, et à Doha la conférence a aussi été un fiasco en termes d'investissements du secteur privé. Selon le FMI, les donateurs qui ont participé à cette dernière avaient initialement promis 540 millions de dollars[1], principalement en

1. FMI, «Comores : consultations de 2010 au titre de l'article IV et deuxième revue de l'accord au titre de la Facilité élargie de crédit,

aide humanitaire et en subventions de développement. Les investisseurs privés du Golfe avaient aussi pris des engagements considérables en matière d'investissements directs, mais personne ne savait si les fonds seraient réellement versés, étant donné que « les travaux techniques préparatoires n'[avaient] pas encore été exécutés, et les autorités [demeuraient] dans le doute quant au montant d'aide financière discuté à Doha et au calendrier des versements prévu pour les années subséquentes ».

Selon des sources à la CGH, l'argent n'est jamais arrivé aux Comores.

« La plupart des [investisseurs] aimaient bien les Comores, ils appréciaient les paysages, mais ils ont été moins de 1 % à vouloir investir parce qu'ils avaient compris que l'environnement n'était pas propice aux affaires. Ils sont venus aux Comores, nous ont dit que c'était très joli, mais ils n'ont pas voulu payer », m'a confié le cadre supérieur de la CGH.

L'échec de Kiwan est sans doute en grande partie dû à la spectaculaire chute de confiance que la région du Golfe a accusée à la suite du déclin de Dubaï. Cette ville – en tant que lieu physique, vision et investissement – ressemblait de plus en plus à un mirage, comme en témoignaient les photos de voitures de luxe abandonnées et de gratte-ciel à moitié construits qui inondaient les médias. Par ailleurs, l'économie était au ralenti partout dans le monde, il était donc plus difficile de trouver le capital pour un pari aussi risqué. Les

---

demande de modification d'un critère de réalisation et revue des assurances de financement », rapport n° 11/72, mars 2011, www.imf.org/external/french/pubs/ft/scr/2011/cr1172f.pdf.

études de faisabilité de Kiwan soutenaient, avec insistance, que les Comores représentaient une valeur sûre: l'une d'entre elles prétendait que comme l'archipel exportait des produits « réconfortants », comme la vanille, les Comores allaient « généralement profiter » de la crise économique, supposément parce que les gens mangent plus de crème glacée en temps de marasme. Ce n'était pas un argument des plus convaincants. Reproduire la grandiose expérience de Dubaï dans un des pays les moins avancés du tiers-monde était la dernière idée que les investisseurs pouvaient vouloir financer.

Tout à coup, l'optimisme enivrant de Kiwan a commencé à faire sourciller sur cet archipel aux lendemains incertains. Les ambitions de la CGH n'étaient plus porteuses d'espoir. Elles étaient devenues délirantes.

Voilà un homme qui faisait miroiter d'opulents complexes hôteliers sur une île où il n'y avait même pas d'eau courante, et qui s'imaginait que des milliards afflueraient dans l'économie comorienne alors que le PIB national, l'année précédant l'élection de Sambi, atteignait à peine 387 millions de dollars[2]. L'archipel était tellement pauvre en infrastructures de base que, comme je l'ai dit précédemment, les chauffeurs de taxi faisaient grève pour exiger des routes décentes, les travailleurs de la santé en faisaient autant pour des bonbonnes d'oxygène, et les enseignants et fonctionnaires ne touchaient pas un sou depuis des mois. Et cet

---

2. Division de statistique du Département des affaires économiques et sociales de l'ONU, « World Statistics Pocketbook 2015 edition », série V, n° 39, p. 48, http://unstats.un.org/unsd/publications/pocketbook/files/world-stats-pocketbook-2015.pdf.

homme parlait de marinas, d'appartements de luxe et de vaches des Pays-Bas.

« Je n'attendais rien de lui parce qu'il n'avait rien de concret à montrer », m'a raconté en interview Mohamed Mchangama, président de la Fédération des consommateurs comorienne. « Tout ce que je voyais, c'était ces affiches – "Demain, Dubaï" – que je trouvais parfaitement farfelues. »

Le projet a aussi perdu de sa crédibilité pour des raisons politiques. À cause de son lobbying, notamment les pressions qu'elle avait exercées pour faire modifier la loi sur la citoyenneté, la CGH était vue par les Comoriens suspicieux comme une entité néocoloniale.

« C'est la première fois dans un État qu'un groupement privé étranger initie une loi. C'est la première fois qu'on voit dans un projet de loi nationale qu'on confie la gestion des matières relevant de la souveraineté nationale à une entreprise privée et qu'on lui donne le droit de faire des profits sur le dos de l'État, alors que des institutions locales auraient très bien pu faire le travail », a écrit Houmed Msaidié dans un éditorial.

« Cela fait 33 ans qu'on a quitté la colonisation française, ajoute-t-il, maintenant on est colonisé par la CGH. »

*
*   *

Même en l'absence d'investisseurs privés, l'entente sur la citoyenneté conclue avec les Émirats arabes unis était censée générer assez de retombées économiques pour financer certains projets d'infrastructures et aider le pays. Au printemps 2009, le gouvernement comorien a annoncé que les Émirats devaient envoyer plus de 200 millions de dollars en échange de la documentation de quelque 4 000 familles *bidoun* (de 6 à 8 personnes chacune), chaque citoyenneté se détaillant entre 6 000 et 8 000 dollars. Le président Sambi a publiquement annoncé qu'environ 25 millions de dollars seraient alloués à l'aide budgétaire, tandis que les 175 millions restants seraient investis dans les routes, les installations sanitaires et l'électricité. (Les Émiratis, quant à eux, sont restés discrets.) L'État comorien, la CGH et la Combined Group Contracting Company – une des principales entreprises de travaux publics au Koweït – se sont unis pour former une entreprise commune, le Comoro Combined Group, qui devait chapeauter les travaux. L'État détenait 33 % des parts, la CGH, 16 %, et la société koweïtienne, 51 %. Autrement dit, Kiwan était gagnant de tous les côtés de ce contrat.

«Comme je l'ai dit et répété, cette somme d'argent mettra fin aux problèmes d'eau, de routes, d'énergie électrique», a affirmé le président Sambi à la nation comorienne lors de son discours de la fête religieuse d'Aïd-el-Fitr, diffusé entre deux sessions de l'Assemblée générale des Nations Unies à New York et publié sur le site du gouvernement des Comores.

> Elle servira à la construction de nos ports, de nos aéroports, à la construction de vraies écoles pour notre pays, capables de durer cent ans, et à la construction des infrastructures liées à la sécurité. […] Mes frères, c'est une des voies que j'ai recherchées pour générer de la richesse dans notre pays. Ce qui nous manque dans ce pays, ce sont les richesses. Ce qui nous manque dans ce pays c'est l'argent. Or, voilà de l'argent disponible dont le transfert parviendra à la Banque centrale, avec l'aide de Dieu, dans les jours qui viennent.

Sambi avait peut-être l'aide de Dieu, mais ce dont il avait réellement besoin, c'était quelqu'un qui lui explique les clauses du contrat qu'il n'avait pas lu assez attentivement. L'ayatollah semblait croire que l'argent atterrirait dans les coffres du gouvernement en un seul bloc ; il ne s'était pas rendu compte qu'en vertu de l'entente initiale, les fonds devaient d'abord transiter par les comptes de Kiwan, et ce, en plusieurs versements sporadiques. Il y avait fort à parier que la CGH engrangerait des intérêts, en plus de retenir un certain pourcentage de la somme à titre de commission qu'elle investirait possiblement dans les projets d'infrastructures menés par le Combined Group. Ce stratagème est difficile à prouver, car les détails de l'entente sont restés absolument confidentiels. Kiwan n'a pas commenté le contrat, pas plus qu'il n'a répondu à mes nombreux appels et messages après notre première rencontre en novembre 2014.

Depuis 2009, les organisations internationales ont reçu certains signaux – rarement cohérents – quant à la somme qui aurait effectivement atterri dans les coffres de l'État comorien. En 2010, le FMI a déclaré que les autorités s'attendaient à amasser 2,2 milliards de francs comoriens (l'équivalent de 5,3 millions de dollars américains à l'époque) en revenus liés au programme de citoyenneté économique. L'année suivante, la Banque africaine de développement a rapporté une hausse des recettes intérieures de 17,7 %, due en grande partie à la vente des passeports. Cependant, l'institution a également précisé, faisant sans doute allusion à l'entente avec la CGH, que la nouvelle tendance voulant que les accords de concession et de troc soient attribués à l'amiable en vertu de la loi sur la citoyenneté économique constitue une entrave importante aux règles de transparence économique.

En 2012, à l'apogée du programme, la Banque africaine de développement estimait que les revenus générés par la vente des passeports représentaient 5,6 % du PIB des Comores[3], soit 33,6 millions de dollars (selon le FMI, le PIB comorien atteignait les 600 millions cette année-là). Le FMI, de son côté, revoyait ce chiffre à la hausse : selon eux, les recettes du programme frôlaient plutôt les 45,6 millions, soit 7,6 % du PIB[4].

« L'équilibre budgétaire global, subventions comprises, est passé d'un déficit de 1,9 % du PIB en 2011 à un surplus de 2,9 % du PIB en 2012 », a déclaré la Banque mondiale dans son rapport annuel sur les Comores[5]. « Cette amélioration, toutefois, est principalement expliquée par la croissance des recettes non fiscales, qui proviennent surtout des retombées du programme de citoyenneté économique et qui font passer les recettes fiscales de l'État de 16,1 % du PIB en 2011 à 19,3 % du PIB en 2012. »

---

3. Groupe de la Banque africaine de développement, « Union des Comores : programme d'appui aux réformes du secteur de l'énergie », octobre 2014, www.afdb.org/fr/documents/document/comoros-approved-energy-sector-reform-support-programme-parse-50588.

4. FMI, « Union des Comores : Lettre d'intention, Mémorandum de politique économique et financière, et Protocole d'accord technique », 18 mai 2013, www.imf.org/external/np/loi/2013/com/fra/051813f.pdf.

5. Association internationale de développement, « Program Document for a Proposed Development Policy Grant in the Amount of SDR2,5 Million (US $ 3,8 Million Equivalent) to the Union of the Comoros for the Economic Governance Reform Operation », rapport n° 81671-KM, 27 mars 2014, www-wds.worldbank.org/external/default/WDS ContentServer/WDSP/IB/2014/04/10/000333037_20140410121708/ Rendered/PDF/816710PGD0P131010Box385177B00OUO090.pdf.

En 2013, les revenus associés au programme ont considérablement chuté, ce qui a perturbé le bilan financier du pays. Cela dit, la tenue des dossiers aux Comores est tout sauf fiable : les archives du ministère de l'Intérieur, par exemple, se résument à une minuscule pièce qui déborde de piles de documents en désordre. Ainsi, même si les autorités voulaient divulguer leur budget, elles produiraient vraisemblablement des dizaines de versions de l'histoire, toutes aussi vraies les unes que les autres.

Le FMI, qui a tenté d'aider les Comores à réduire leur écrasante dette souveraine, a affirmé que même les économistes qui travaillent pour le gouvernement ignoraient de nombreux détails du programme de citoyenneté économique. « Nous avons décidé d'enquêter, parce que nous voyions tout cet argent dans le budget, raconte Harry Trines, responsable des Comores au FMI. Nous avons fait des réunions à huis clos, car le FMI était inquiet des mesures de précaution mises en place aux Comores en matière de blanchiment d'argent et de terrorisme. » Trines est parvenu à organiser une réunion avec les autorités comoriennes en 2013, mais lors de sa visite, il a constaté qu'une sorte de loi du silence régnait. « Nous sommes relativement certains que des sommes d'argent ont abouti dans les comptes du budget général, ou du moins qu'elles ont été consignées. En revanche, j'ignore à quoi a servi cet argent. »

Quant à savoir quelle part des recettes du programme est arrivée jusqu'à la banque, c'est une tout autre question. Personne n'a jamais pu dire pour sûr combien de passeports ont été délivrés, ni à quel prix ils se vendaient, ni même combien Kiwan gardait pour lui avant d'envoyer le reste aux Comores.

Selon Malik, l'ancien cadre de la CGH, pendant la première année du programme, entre 2009 et 2010, l'entreprise aurait négocié la vente de 5 000 à 10 000 passeports. Selon lui, Kiwan aurait reçu des commissions supplémentaires, possiblement de la part du gouvernement émirati, pouvant aller jusqu'à 48 000 dollars par document, non comptabilisées, bien sûr. Lors d'un entretien en avril 2015, Malik qui, rappelons-le, a travaillé étroitement avec Kiwan aux Comores, a évalué le nombre de passeports vendus au zénith du programme quelque part entre 10 000 et 15 000, et leur prix unitaire à 4 000 euros. Il m'a raconté qu'en 2010 et en 2011, Kiwan lui téléphonait environ tous les deux mois pour lui demander d'aller chercher, au bureau de Sambi, des décrets de naturalisation – des listes de personnes approuvées qui, m'a-t-il soutenu, comptaient habituellement entre 200 et 1 000 noms.

L'ancien cadre du holding de Kiwan se souvenait aussi qu'au cours des six derniers mois de la présidence de Sambi, il a négocié lui-même l'échange de 10 000 passeports, et que c'était loin d'être fini : « Quand je suis parti, il y avait encore des valises pleines de passeports qui allaient et venaient », a-t-il précisé.

Ce sont donc environ 20 000 passeports qui auraient été délivrés pendant les deux années au cours desquelles la CGH a participé aux négociations.

Mohamed Alhadi Abbas, ancien chef de cabinet du ministre de l'Intérieur des Comores, croit quant à lui que près de 60 000 passeports ont été vendus aux Émirats depuis l'inauguration du programme, tandis qu'un diplomate étranger évalue plutôt ce nombre à 100 000. Si un passeport se détaillait effectivement entre 6 000 et 8 000 dollars, le gouvernement comorien devrait avoir récolté au moins 360 millions. Dans ce cas, des centaines de millions de dollars ne seraient jamais parvenus jusqu'aux comptes comoriens, du moins ceux dont le FMI a connaissance.

« Je vous le dis, c'est très simple, m'a expliqué l'ancien cadre de la CGH. Bachar n'a pas donné d'argent aux Comoriens. »

Le gouvernement comorien, pour sa part, clame que la CGH ne lui a pas payé 16 millions de dollars qui devaient lui revenir. Le général Mohamed Dossar, qui représentait l'État dans le contrat signé en 2008 entre les Comores, les Émirats arabes unis et Bachar Kiwan, a été catégorique : « Il est évident que la CGH ne nous a pas donné tout l'argent qu'elle nous doit. » Il a ajouté que le contrat en question avait été révisé à la fin de 2010.

La CGH a indéniablement créé des centaines d'emplois dans l'archipel. Mais ce qui est tout aussi évident, toutefois, lorsqu'on jette un coup d'œil à la ville de Moroni, c'est que les projets d'infrastructures à grand déploiement qu'on avait annoncés n'ont jamais vu le jour. Quelques routes ont été construites au petit bonheur la chance, et des membres de la communauté diplomatique prétendent qu'une partie de l'argent a servi à payer des arriérés de salaires. Rares sont les Comoriens qui voient, parmi ces quelques progrès anecdotiques, les bénéfices à long terme de la vente en gros de leur nationalité. Un cadre du Combined Group dépêché à Moroni pour superviser des travaux affirme que sa mission a été annulée parce que l'argent n'est jamais arrivé. Il a donc passé 18 mois à Grande Comore, à flâner dans les rues le soir tombé et à admirer une lune si grosse qu'elle semblait à portée de main. Il a dit que c'est un pays splendide et que les gens sont merveilleux, mais à cause de la lassitude, il dit qu'il s'est remis à fumer alors qu'il avait arrêté depuis plus de 20 ans.

« Chers collègues des Comores, a-t-il écrit sur sa page Facebook, après 18 mois avec le Comoro Combined Group, le temps est venu pour moi de vous quitter. J'aimerais remercier tous ceux et celles qui m'ont offert leur soutien et leur coopération pendant mon séjour… et j'aimerais aussi en profiter pour m'excuser pour tout malentendu dont j'ai pu être le porteur. »

*
* *

Le rêve d'un développement comparable à celui de Dubaï dans l'océan Indien n'aura été qu'un leurre dont les Comores n'ont tiré pratiquement aucun profit. Mais qu'en est-il des *bidoun* ?

On sait aujourd'hui que l'entente que Kiwan a conclue avec les États du Golfe pour documenter leurs populations apatrides allait bien au-delà de la prétendue citoyenneté économique et de l'impression de passeports pour 4 000 familles *bidoun* des Émirats. L'entente avec les Comores, affirment nombre d'amis et collègues de Kiwan, reposait sur le transfert des *bidoun* aux Comores, de gré ou de force.

Des documents confidentiels de la CGH soutiennent l'hypothèse selon laquelle Kiwan aurait misé sur la déportation massive des *bidoun* pour maximiser les profits de son entreprise, et ceux des Comores. Dans les enquêtes de faisabilité réclamées par la CGH, il ne fait aucun doute que la plupart des grands projets de développement prévus reposaient sur le programme de citoyenneté économique. Les consultants sont même allés jusqu'à étudier le type de marché qu'il y avait pour la citoyenneté économique au sein des apatrides : ils cherchaient à savoir ce qui pouvait motiver les familles *bidoun* à s'installer aux Comores, et à évaluer les profits que l'entreprise pourrait tirer de leur exil.

« Les récentes études que nous avons menées au Koweït et aux Émirats arabes unis indiquent que 50 % des *bidoun* recherchent activement un passeport, peut-on lire dans l'une des enquêtes. Et si cette citoyenneté était assortie d'un bien immobilier, 85 % de ceux qui sont à la recherche d'une nationalité étrangère seraient intéressés par cette proposition de valeur. »

« Les projets sur la corniche et au lac Salé visaient à construire des logements pour les vendre ensuite aux gouvernements du Golfe, qui les offriraient, peut-être même gratuitement, aux apatrides souhaitant déménager aux Comores, affirme Malik. C'était ça, le plan ultime. »

Malik m'a expliqué que Kiwan rationalisait son entreprise en affirmant que les *bidoun* pourraient plus facilement obtenir la citoyenneté émiratie s'ils devenaient d'abord Comoriens. « C'était un accord qui aurait pu bénéficier aux Comoriens et aux *bidoun*, a-t-il poursuivi, mais je crois que Bachar voulait avant tout faire de l'argent. Il est très diplomatique, alors il ne l'avouera jamais. Il a joué les Bon Samaritain, mais je crois personnellement qu'il se fichait complètement des *bidoun* et des Comoriens. »

À supposer d'abord que les gouvernements du Golfe souhaitaient véritablement résoudre le problème que leur posent les *bidoun* en les exportant (Kiwan semblait croire qu'ils étaient prêts à le faire), si ces États avaient l'argent pour financer cette entreprise et le pouvoir totalitaire de forcer leurs résidents à déménager contre leur volonté ou si les *bidoun* avaient accepté, tout compte fait, de devenir Comoriens en théorie comme en pratique et d'acheter leurs propres maisons dans l'archipel, il y aurait effectivement aux Comores une énorme demande pour le logement, les services, les télécommunications, et même les vaches laitières. Qui plus est, le gouvernement comorien aurait enfin ce dont il a tant besoin : de l'argent. Et les *bidoun* comoriens, de leur côté, auraient enfin une patrie où ils sont, du moins sur papier, les bienvenus.

Saint-Kitts l'a fait, la Dominique l'a fait, l'Autriche l'a fait. Même le Canada l'a fait, à sa manière. Pourquoi ne pas pousser l'idée encore plus loin ?

> Aucun d'entre nous n'a réfléchi aux conséquences de la citoyenneté économique. Nous avons cru aveuglément au projet, sans penser aux intentions qu'il cachait, raconte Malik. Nous voulions vraiment y croire, à ce projet, à toutes ces affiches qui présentaient des développements sur la corniche et autour du lac, à tous ces investissements dans les télécommunications, à la création de ports… Imaginer tous ces chantiers se concrétiser dans un pays comme les Comores, participer à toutes les étapes du processus et avoir mon mot à dire dans chaque décision me procurait un sentiment d'accomplissement et de satisfaction comme je n'en avais jamais eu auparavant.

Elie Wakim, un ami et associé de Kiwan qui affirme l'avoir aidé à présenter sa proposition au gouvernement émirati lors d'une réunion privée, a fini par adhérer à l'initiative. « Je comprends que certains puissent être choqués par l'idée, m'a-t-il expliqué sur Skype. Mais il s'agit d'individus qui n'ont pas de pays, qui sont dispersés dans le monde arabe, qui n'ont pas d'identité. Ils ne peuvent pas voyager ni occuper certains postes sans se heurter à la discrimination.»

«C'est une idée qui fait son chemin petit à petit dans le monde, et certaines sociétés peuvent faire partie de la solution.» Il a ajouté, pour se donner en exemple : « Je peux avoir un passeport kitticien sans avoir de liens avec Saint-Kitts.»

*
* *

Entre-temps, Kiwan se tournait vers le Koweït dans l'espoir de décrocher un autre gros contrat. L'affaire des *bidoun* émiratis était réglée, mais lors de la visite des délégués comoriens en 2008, le gouvernement du Koweït avait fait la sourde oreille, et il n'y avait pas eu de progrès depuis.

Un Koweïtien qui a connu Kiwan dans le milieu des affaires affirme qu'en 2009, celui-ci lui aurait demandé à parler à Musallam al-Barrak, le volubile chef de l'opposition à l'époque, pour le convaincre (par son discours ou autrement) de donner son accord à la solution comorienne. «Bachar a parlé de la pression que le gouvernement émirati exerçait sur les *bidoun* pour les contraindre à accepter l'entente et à prendre la nationalité comorienne», explique-t-il.

Il se rappelle sa conversation avec Kiwan : «Bachar m'a dit : "Qu'est-ce que ça change pour les *bidoun*? Ils n'ont rien à perdre dans cette situation. Ils n'auront même pas à débourser un seul dinar. Le gouvernement s'occupera de tout payer."»

À l'époque, les efforts de Kiwan n'ont mené à rien. Selon certains militants des droits de l'homme, c'est à cause de l'opposition et du mouvement de défense des droits des *bidoun*, qui gagnait en popularité. La version de Kiwan dit que le gouvernement émirati voulait le programme en exclusivité, tandis que les représentants des Comores disent que le Koweït a refusé de signer l'entente parce que les deux pays n'arrivaient pas à s'entendre sur certaines modalités.

Du reste, la chance de Kiwan à Moroni commençait à s'épuiser. Afin de garantir l'obtention du permis pour exploiter Twama Telecom en 2007, la CGH avait promis au gouvernement qu'elle construirait un petit port, mais l'entreprise n'avait pas tenu sa promesse, ce qui était devenu un important sujet de discorde avec des membres du gouvernement et la population en général.

La CGH a donc perdu sa licence de télécommunications, ce qui lui a valu une poursuite judiciaire du prince et magnat Talal Ali Mohammead Khouri. Khouri – célèbre pour avoir dépensé 9 millions de dollars pour une plaque d'immatriculation émiratie n'affichant que le chiffre 5 – avait investi plus de 17 millions dans l'entreprise de Kiwan en 2007, à l'époque où son avenir était encore radieux. Or, lorsqu'il a mis les pieds aux Comores quelques années plus tard et qu'il a constaté que l'entreprise dont il détenait 75 % des parts n'existait pas véritablement, il a demandé à être remboursé. C'est, du moins, la version de son avocat, Ibrahim Ali Mzimba.

Un juge d'Abou Dhabi a statué que Kiwan n'avait violé aucune entente, puisque Khouri n'avait pas versé la totalité de la somme promise en vertu de l'accord initial. Le litige a alors été transporté au tribunal de Moroni, qui a accordé à l'équipe juridique de Khouri le droit de saisir certains des actifs commerciaux de Kiwan sur l'archipel afin de dédommager le prince. Néanmoins, l'avocat Mzimba affirme que les actifs de valeur avaient été mis hors de leur portée, grâce à des structures sociétaires complexes qui donnaient l'impression que Kiwan ne possédait rien du tout.

Or les écueils qui menaçaient Kiwan en 2011 étaient les mêmes que ceux auxquels Bob Denard s'était heurté dans les années 1980 : tôt ou tard, tout devient personnel sur une petite île recluse. Avec le mandat de Sambi qui devait prendre fin cette année-là, les concessions dont bénéficiait Kiwan pouvaient s'évaporer du jour au lendemain. D'ailleurs, la lune de miel entre Sambi et Kiwan, terminée depuis longtemps, avait cédé la place à des relations pour le moins tendues au cours des derniers mois de la présidence. Le problème du port non achevé avait révélé Sambi dans toute sa naïveté, voire sa stupidité, pour avoir accordé une confiance aveugle à la CGH depuis trop longtemps. Le président a donc décidé de prendre ses distances. Puis, les deux se sont affrontés dans une querelle publique bizarre au sujet de l'appui que les Comores avaient accordé au chef d'État libyen Mouammar Kadhafi. Dans l'archipel, Kadhafi est vu comme un combattant pour la liberté et un généreux bienfaiteur : sous son règne, la Libye a fourni aux Comores sa protection, des bateaux et des matériaux de construction[6]. En 2008, la Libye a fait don de 700 000 euros à l'archipel[7]

---

6. Simon Massey et Bruce Baker, « Comoros: External Involvement in a Small Island State », document de programme n° AFP 2009/1, Chatham House, juillet 2009, www.operationspaix.net/DATA/DOCUMENT/6286~ v~Comoros___External_Involveme_in_a_Small_Island_State.pdf.

7. Islamic Solidarity Fund for Development, « The Union of the Comoros: Country Poverty Assessment–Brief », mars 2011, http://isfd. isdb.org/EN/publications/Pages/Other-Publications.aspx.

(à titre comparatif, les États-Unis n'ont donné qu'un demi-million de dollars) et, l'année suivante, elle a fait construire une école[8]. Kiwan, quant à lui, n'était manifestement pas un partisan du dictateur et jugeait que les Comores devaient arrêter de faire l'éloge du Guide de la révolution, alors que la communauté internationale entière voulait sa tête.

Le 14 mars 2011, le journal *Al-Balad*, contrôlé par la CGH, publiait un éditorial reprochant au régime de Sambi de commettre une « regrettable et grave faute de jugement qui pourrait entraîner des conséquences incalculables pour les Comores », en référence à son soutien accordé publiquement à Kadhafi. L'affaire Kadhafi était représentative d'un problème plus grand : Kiwan outrepassait son rôle d'homme d'affaires. Ce n'était pas la première fois qu'*Al-Balad* s'embourbait dans la politique régionale : l'année précédente, Kiwan avait commencé à publier une version du journal destinée exclusivement à l'île de Mayotte. Cette dernière, faut-il le rappeler, est toujours un territoire français, mais elle est considérée par les trois autres îles comme légitimement comorienne. La création d'un journal distinct pour Mayotte équivalait donc à une trahison.

En mai 2011, Ikililou Dhoinine, qui avait été vice-président de l'administration Sambi, a été élu à la tête du gouvernement après avoir obtenu 61 % des suffrages. Son arrivée au pouvoir a signalé le début de la fin pour les Arabes. Le nouveau cabinet s'est mis à faire pression sur la CGH pour qu'elle paye les 16 millions de dollars du pro-

---

8. « Libya Builds School Block for University of Comoros », Pana-press, 26 août 2009, www.panapress.com/Libya-builds-school-block-for-University-of-Comoros--13-528214-18-lang1-index.html.

gramme de citoyenneté économique, et a révoqué le statut privilégié que Sambi avait accordé à Kiwan.

Malgré tout, l'argent généré par la vente des passeports continuait d'entrer. Le gouvernement de Dhoinine a apporté quelques réformes au programme – la plus importante d'entre elles visant à ce que l'argent provenant des Émirats parvienne directement au gouvernement des Comores, sans passer par des comptes intermédiaires –, mais ces mesures n'ont pas suffi à apaiser les doutes sur les réels destinataires des fonds. Le chef d'État a aussi créé une commission responsable d'évaluer chaque candidature à la citoyenneté, comme l'exigeait la loi depuis son adoption, mais même les membres de la commission m'ont avoué qu'on était loin de la diligence raisonnable. Selon des sources aux Comores, le ministère de l'Intérieur des Émirats s'est occupé lui-même du traitement des dossiers et de l'approbation massive des candidatures, avant d'envoyer les renseignements personnels des candidats aux Comores pour approbation finale. Une fois le travail de la commission terminé, le ministère de l'Intérieur des Comores a fait imprimer les passeports qu'il a empilés dans des valises, puis un représentant du gouvernement comorien a fait le voyage aux Émirats pour y livrer les valises remplies de passeports.

Ces valises ont eu tôt fait de provoquer un véritable scandale. À l'été 2013, on a découvert qu'Abou Achirafi, le directeur du ministère de la Sécurité des Comores, s'adonnait à son propre commerce clandestin de passeports. Il menait ses activités illégales sous le nez du bureau régional d'Interpol, qui occupe la même bâtisse que son ministère. Il a été appréhendé à l'aéroport des Comores avec une valise pleine de passeports.

La popularité de Kiwan aux Comores était désormais à son plus bas, et ses entreprises en pâtissaient. L'hôtel Itsandra, malgré son opulence et son prestige, accueillait apparemment très peu de clients. Le *Africa Intelligence* le disait dans ces mots : « Les diplomates et les délégués étrangers qui visitent Moroni et séjournent à l'hôtel Itsandra s'étonnent intérieurement du très faible taux d'occupation des chambres et des bungalows [...]. » Les autorités françaises faisaient la vie dure à la Banque fédérale de commerce à cause d'allégations de complaisance en matière de blanchiment d'argent, ce qui ralentissait considérablement les activités commerciales de l'archipel. (La banque n'a jamais été formellement accusée d'avoir mené des activités illicites.) Début 2014, Kiwan a perdu ses droits sur l'hôtel Itsandra ainsi que ses concessions sur la corniche et au lac Salé. En juillet de cette même année, les panneaux publicitaires promouvant le projet ont été enlevés.

Un blogueur comorien a rapporté l'événement : « La destruction de cette longue barrière de panneaux qui a, un temps, stimulé l'imagination, qui s'était prise à croire, comme le promettait Bachar Kiwan, à la germination sur ce site, d'un village du paradis, est un événement de première grandeur[9]. »

En mai 2015, le tribunal de Moroni a décrété que la CGH devait à l'État 8 milliards de francs comoriens – les 16 millions de dollars qui manquaient – en vertu de l'entente sur la citoyenneté économique et a ordonné la saisie de

---

9. Mohamed Abdou Soimadou, « Le mur de la honte est tombé ! », *Comores Actualités*, 13 juillet 2014, www.comores-actualites.com/actualites-comores/comores-fin-dun-gros-mensonge-detat.

tous les actifs de l'entreprise dans l'archipel : 184 machines diverses, un entrepôt, et trois grosses buttes de sable sur son site de fabrication de ciment. Selon le journal comorien *Al Watwan*, la Banque fédérale de commerce avait mis la main sur certains de ces actifs en août 2012, sans doute pour éviter qu'ils ne soient saisis (sur papier, la banque n'était pas affiliée avec la CGH, aux dires du cadre supérieur de l'entreprise).

« Ce qui me préoccupe, moi, c'est le volet socio-économique de cette affaire : je défends une cause humaine ; je suis du côté de ces employés que l'on veut précipiter au chômage », a déclaré Elie Yasbech, le représentant de la CGH, au journal *Al Watwan*.

Le journal de Kiwan, *Al-Balad*, n'a jamais engrangé le moindre profit non plus ; il a été distribué gratuitement pendant dix mois après sa création et a disparu, après avoir servi à Kiwan de tribune personnelle pendant deux ans.

En décembre 2014, des piles de vieux exemplaires jaunissaient à côté d'équipements d'impression abandonnés dans l'entrepôt adjacent aux anciens bureaux du journal, sur une rue tranquille en banlieue de Moroni. Dans l'un des derniers numéros, une chronique hebdomadaire sur la « sagesse française » explique la signification d'un proverbe.

« Il ne faut pas croire qui promet la lune. »

Chapitre 7

Les enfants du pays

Ahmed Abdul Khaleq a atterri à Bangkok le 16 juillet 2012, un visa de séjour thaïlandais attaché à son passeport comorien. Lorsqu'il s'est présenté au comptoir des douanes, l'agent de l'immigration lui a demandé, perplexe, d'où venait son document de voyage. « Des Comores, a répondu Khaleq. C'est en Afrique.

— Vous êtes Africain ? Mais vous êtes blanc !

— Oui, a soupiré Khaleq. Je suis un Africain blanc. »

À la sortie de l'aéroport, un représentant du Haut-Commissaire des Nations Unies aux droits de l'homme l'attendait en tenant une grande affiche sur laquelle était écrit son nom. Cette nuit-là, dans une chambre d'hôtel payée par l'ONU, Khaleq a dormi pour la première fois de sa vie en toute légalité.

Lorsqu'il s'est réveillé, le matin venu, il ne parvenait pas tout à fait à croire ce qui lui arrivait. Les activistes qui avaient suivi son cas étaient convaincus que les Émirats arabes unis ne mettraient pas à exécution les menaces de déportation qu'ils avaient émises, parce que de telles mesures paraissaient bien trop extrêmes. «J'espère que les Émirats ne cherchent qu'à lui faire peur et que la déportation ne prendra pas effet, ne serait-ce que pour éviter la mauvaise presse», avait écrit un agent de HRW dans un message interne une semaine plus tôt. «Ce serait un précédent terrible.» Dès que l'organisation a appris que Khaleq était bel et bien en chemin vers la Thaïlande, un communiqué de presse dénonçant les actions du gouvernement a été diffusé. «Les autorités émiraties essaient de nous faire croire qu'Ahmed Abdul Khaleq quitte le pays de son plein gré, mais il s'agit en fait d'une expulsion forcée, cruelle et illégale», y déclarait Sarah Leah Whitson, responsable de la section de HRW au Moyen-Orient. «Les Émirats font toujours preuve de beaucoup de créativité quand il s'agit d'inventer des tactiques scandaleuses pour faire taire les voix dissidentes.»

Normalement, il faut attendre des mois, des années, voire des décennies avant qu'un réfugié obtienne toutes les autorisations nécessaires pour refaire sa vie ailleurs. Dans le cas de Khaleq, on a accéléré les démarches, en partie pour dissuader les autorités émiraties de faire la même chose à un autre *bidoun*, mais aussi parce qu'on ignorait combien de temps la Thaïlande tolérerait sa présence à Bangkok. En effet, Thaksin Shinawatra, l'ancien premier ministre thaï-landais (et ex-Monténégrin «économique»), était un proche allié des dirigeants émiratis et demeurait très influent dans la région. Les militants craignaient ainsi que la vie de Khaleq ne devienne un enfer s'il continuait de publier ses déclarations incendiaires dans un pays d'où les amis de Shinawatra à Dubaï avaient le pouvoir de le faire expulser. À son arrivée, Khaleq a parlé à l'agence Reuters et au *Bangkok Post*. Le jour suivant, on lui a fortement conseillé de refuser toute entrevue.

Il a suspendu ses activités en ligne et s'est mis à porter des chapeaux en public pour ne pas être reconnu. Il s'est même acheté une barre de fer – qu'il garde encore aujourd'hui dans un placard de sa demeure ontarienne – pour se défendre si jamais on l'attaquait en pleine nuit.

Après sa première nuit à l'hôtel, Khaleq a emménagé dans un appartement où il est resté pendant presque deux mois. Un de ses voisins était justement un ressortissant légitime des Comores. Lorsqu'ils se croisaient dans le hall de leur immeuble, ils en profitaient pour parler de leur nationalité commune. « Je lui disais qu'il était l'original et moi le duplicata. » Quand il communiquait avec sa famille sur Skype, Khaleq ressentait une émotion nouvelle : le mal du pays.

La demande d'asile de Khaleq a été approuvée pendant l'été lorsqu'on l'a assigné à vivre à London, une ville canadienne de l'Ontario à quelques heures de Détroit. Le 11 septembre 2012, il a pris un vol pour Toronto avec escale à Hong Kong, puis un autobus qui l'a transporté de la « Ville reine » à London. Là-bas, le Cross-Cultural Learner Center, une association qui accompagne les réfugiés au cours de leur intégration dans leur nouvelle communauté, l'a aidé à se trouver un appartement, à s'inscrire à des cours d'anglais et à obtenir, enfin, une précieuse carte de bibliothèque.

Aujourd'hui, Khaleq suit une formation pour devenir gérant de la franchise Pizza Pizza qu'il a achetée après avoir vendu à profit l'épicerie qu'il possédait. Il sera bientôt admissible à la citoyenneté et espère pouvoir se débarrasser de son passeport comorien. Lui et son colocataire – un réfugié kurde ayant récemment quitté la Russie – rient souvent en se disant que lorsqu'ils auront leurs papiers canadiens en main, ils retourneront en Thaïlande, cette fois-ci en tant que touristes.

Entre-temps, les Comores ont continué de délivrer des passeports pour les *bidoun* des Émirats arabes unis. Kiwan n'était plus dans le décor depuis longtemps lorsque Khaleq a commencé son tour du monde, mais le programme qu'il avait aidé à créer battait son plein, et les revenus associés à la vente des passeports en 2012 atteignaient des sommets inégalés. On disait aux *bidoun* que la citoyenneté économique des Comores était la première étape vers la citoyenneté émiratie, et beaucoup d'entre eux s'étaient donc inscrits de leur propre chef, affluant vers le même édifice que celui où Khaleq avait été convoqué avant d'être emprisonné puis déporté. Sur place, les fonctionnaires émiratis distribuaient des passeports étrangers à des centaines de familles *bidoun* comme s'ils leur remettaient des coupons alimentaires ou des permis de conduire.

Selon les médias de la région, ils étaient des milliers, dans les quartiers *bidoun*, à avoir reçu des papiers. En juillet 2008, l'agence Gulf News a rapporté que le ministre de l'Intérieur, Saif ben Zayed Al Nahyan, avait « recommandé » que soit accordée la citoyenneté émiratie à 25 employés du ministère qui avaient obtenu un passeport comorien. Son bras droit, Nasser Salem Saif Lekhreiban Al Nuaimi – avec lequel Kiwan et les Comoriens avaient signé l'entente de 2008 – en avait fait l'annonce. Toutefois, rien n'indique qu'un seul de ces *bidoun* a fini par être naturalisé ; Al Nuaimi n'a pas répondu aux demandes d'interview, et très peu a été révélé sur les retombées du projet depuis le début.

On ignore également si les passeports seront renouvelés par le gouvernement comorien lorsqu'ils arriveront à échéance. Si ce n'est pas le cas, les *bidoun* comoriens redeviendront apatrides. Quoi qu'il en soit, ces gens continuent d'être traités comme des résidents de second ordre.

Les passeports, quant à eux, permettent à l'État émirati de stratifier davantage sa société et de ségréguer les *bidoun* sur papier comme en pratique. Presque chaque semaine, les journaux d'Abou Dhabi parlent de viols, de meurtres, d'agressions et de vols commis dans les Émirats par des détenteurs de passeports comoriens.

L'humiliation publique subie par ces criminels « comoriens » dérange beaucoup les Comoriens de naissance : certains pays de la Ligue arabe ont même commencé à exiger des visas d'entrée pour tous les citoyens des Comores – y compris les anciens chefs du gouvernement. « Avant, pour aller en Égypte, on nous remettait un visa à l'aéroport, raconte le président Azali. Maintenant, il faut faire une demande à l'avance. L'Égypte se méfie des Comoriens. C'est l'une des conséquences les plus flagrantes de ce programme, le fait que nous ne puissions plus nous déplacer aussi librement qu'avant. »

*

*   *

Par un soir de novembre, en 2014, Hakim al-Fadhli, le plus ardent défenseur des droits des *bidoun* au Koweït, terminait un copieux repas de crevettes, de salade, de hoummous et de pain frais sur la terrasse d'un restaurant perse du souk al Mubarakiya, dans la ville de Koweït. C'était une soirée chaude, mais l'air était sec et s'emplissait d'un parfum musqué chaque fois que passait un groupe d'hommes vêtus de leurs robes blanches. Ce marché a toujours été l'endroit favori d'al-Fadhli à Koweït; dans une ville gouvernée par l'argent du pétrole, les étals de fruits et les allées grouillantes offrent une chaleur, un je-ne-sais-quoi que l'on ne peut trouver ailleurs.

Al-Fadhli, 40 ans, est devenu militant en 2011, lorsqu'il a participé pour la première fois à un rassemblement de *bidoun* et s'est radicalisé en voyant des policiers emmener son frère et ses amis simplement parce que ceux-ci défendaient leur droit à la citoyenneté. Son histoire est typique : la famille al-Fadhli a vécu en territoire koweïtien pendant des générations, mais elle n'a pu obtenir la citoyenneté parce que le grand-père de Hakim, un ouvrier de l'industrie du pétrole, ne s'est pas inscrit à temps auprès des autorités. Depuis l'invasion irakienne, ils sont ciblés par la suspicion de tous, se voient refuser l'accès au système d'éducation et aux soins de santé, et sont même accusés d'être originaires de l'Irak et, par conséquent, d'être des ennemis de l'État.

Al-Fadhli a donc commencé à organiser des rassemblements et à faire du porte-à-porte pour convaincre les jeunes *bidoun* de se rallier à la cause. Il a fini par quitter son poste d'ingénieur mécanique pour se consacrer à temps plein au militantisme, et il a passé du temps derrière les barreaux. Lorsque je l'ai rencontré à Koweït en 2014, il se remettait encore d'une grève de la faim qu'il avait menée pour protester contre ses conditions de détention. Après un repas faste, il a commandé un thé noir corsé servi dans de petits verres à moitié remplis de sucre blanc. Après l'avoir bien mélangé, il allait boire une gorgée lorsque son téléphone s'est mis à vibrer et un titre a apparu sur son écran : « Les *bidoun* aux Comores. »

Mazen al-Jarrah, un fonctionnaire du ministère de l'Intérieur du Koweït, venait d'annoncer que le gouvernement koweïtien ferait en sorte que les *bidoun* demandent la citoyenneté comorienne et que les Comores seraient tenues d'accueillir les *bidoun* condamnés à l'exil. Les *bidoun* n'auraient rien à payer et tout le processus devait commencer dans un mois.

Al-Fadhli est devenu blême. Tous les *bidoun* étaient au courant de la déportation de Khaleq. Mona Kareem, une blogueuse *bidoun* du Koweït, a envoyé un message à al-Fadhli disant qu'elle sentait que son cœur allait exploser. « Hier, quand je me suis couchée, j'étais d'Asie de l'Ouest. Je me suis réveillée africaine de l'Est », a-t-elle publié sur Twitter. Quelques jours plus tôt, le Haut-Commissaire des Nations Unies pour les réfugiés avait lancé une campagne visant à mettre fin à l'apatridie ; l'annonce de l'achat de milliers de passeports comoriens n'était pas, selon toute vraisemblance, la réponse que l'on espérait.

« Le gouvernement koweïtien instaure un apartheid contre les *bidoun* », m'a déclaré al-Fadhli. « Nous ne le laisserons pas nous vendre aux Comores. C'est du trafic d'êtres humains. »

Le sort de ceux qui s'opposeraient aux autorités était clair selon lui : ils seraient déportés. « Je serai sûrement le premier. » Depuis notre rencontre, al-Fadhli a été arrêté par les autorités koweïtiennes pour son rôle dans une manifestation en avril 2016. La cour de cassation l'a condamné a un an de prison puis à être expulsé, on ne sait où ni avec quel passeport.

*

*   *

Quelques jours plus tard, je rencontrai Mazen al-Jarrah dans son bureau au ministère de l'Intérieur du Koweït. C'était un homme très élégant, d'une quarantaine d'années, qui avait une imposante moustache grise et portait un uniforme de policier généreusement décoré. C'était un membre de la famille royale du Koweït, les Sabah. De manière très détachée, il m'a informée que les *bidoun* allaient recevoir la pleine citoyenneté comorienne, sans interdiction de séjourner dans l'archipel, et que le statut était accompagné d'un visa de résidence de cinq ans leur permettant de rester au Koweït. Il m'a aussi précisé qu'il n'y avait pas d'expulsion de masse à l'ordre du jour, mais il a ajouté : « Ceux qui commettent effectivement des crimes seront envoyés aux îles Comores, où on leur fournira un appartement privé dans des bâtiments achetés par le Koweït. »

Ce programme s'inspirait de celui des Émirats, m'a-t-il confirmé, à la différence qu'il était indispensable pour le Koweït de pouvoir envoyer ses criminels aux Comores et de faire de l'archipel une sorte de colonie pénitentiaire. Il était difficile d'écouter le discours d'al-Jarrah sans penser au projet des nazis qui voulaient retarder l'extermination des juifs polonais en les envoyant à Madagascar. Franz Rademacher, le cerveau derrière le plan Madagascar, prétendait même que ces déportations forcées montreraient que les Allemands étaient cléments envers leurs compatriotes indésirables, un sentiment auquel al-Jarrah faisait écho en énumérant les divers avantages que le Koweït fournirait aux *bidoun* en exil.

Selon al-Jarrah, il n'était pas déraisonnable d'exiger des *bidoun* qu'ils aillent vivre aux Comores, puisque seule une partie d'entre eux y serait condamnée ; les autres pourraient continuer à vivre et à travailler au Koweït. (Quelques mois plus tard, une douzaine de *bidoun* qui travaillaient au gouvernement ont été renvoyés sans raison apparente[1].)

Al-Jarrah, qui avait le grade de major général, prévoyait de documenter d'abord les *bidoun* qui servaient dans l'armée. « Le millier d'apatrides dans les forces armées et policières seront les premiers à devoir choisir entre la citoyenneté comorienne ou l'exil, a-t-il expliqué. Comme ces gens ont des familles, cela représente près de 10 000 personnes. » Son discours était sans équivoque : les *bidoun* n'auraient pas le choix.

À en croire al-Jarrah, les *bidoun* avaient les mêmes possibilités et étaient aussi prospères que les Koweïtiens ordinaires. C'est on ne peut plus faux : il suffit de traverser le quartier *bidoun* de Taima pour s'en convaincre. En marchant dans les rues non pavées, bordées de maisons en béton qui font peine à voir, j'ai appris que certains parents n'arrivaient même pas à inscrire leurs enfants à l'école. En guise de réponse, al-Jarrah a sorti son téléphone et m'a envoyé la photo d'un footballeur étoile *bidoun*, posant entre deux automobiles de luxe. C'était Fahad Al Enezi, un jeune homme dont le nom était sur toutes les lèvres : la veille, il avait marqué le but gagnant dans un match contre l'Irak.

Apparemment, l'ironie derrière le fait que cet homme privé de citoyenneté avait permis à l'équipe nationale du Koweït de défaire son ennemi juré – un ennemi qu'on

---

1. Sumaya Bakhsh, « Rallying on Behalf of People Without Passports », *BBC News*, 5 juin 2015, www.bbc.com/news/blogs-trending-33008093.

accusait les *bidoun* d'aider, il n'y a pas si longtemps – échappait complètement au ministre.

Après avoir laissé al-Jarrah m'expliquer en long et en large à quel point les *bidoun* avaient la vie facile et combien il était fier de l'initiative négociée avec les Comores, je lui ai demandé pourquoi la citoyenneté koweïtienne n'était pas, elle aussi, à vendre. Il m'a dévisagée comme s'il n'avait jamais entendu de question aussi stupide. « Notre citoyenneté coûte cher ! Ici, nous répondons à tous les besoins de chaque citoyen, de sa naissance jusqu'à sa mort. Nous le défrayons de toutes ses dépenses : la santé, l'éducation, tout. Connaissez-vous les bénéfices que donne notre citoyenneté ? L'État finance nos mariages, nous embauche, paie pour nos maisons et assure nos retraites.

> — Alors, qu'est-ce que ça veut dire pour vous, être un citoyen du Koweït ?
>
> — Que voulez-vous que je dise de plus que c'est génial ? »

*

* *

Depuis ma conversation avec al-Jarrah, bien peu d'informations ont été révélées quant à l'entente Koweït-Comores et aux montants que l'archipel reçoit encore de sa première incursion dans la vente de passeports. En 2013, le FMI a annoncé la fermeture du programme de citoyenneté, mais un an plus tard, un représentant m'a appris que l'argent arrivait toujours, bien qu'au compte-gouttes. Après sa dernière vérification début 2015, le FMI a noté que les autorités comoriennes « avaient bon espoir qu'un nouveau programme de citoyenneté économique serait négocié avec le Koweït[2] », et l'organisation a ajouté qu'elle suggérait fortement « de mettre sur pied des mesures concrètes pour éviter les utilisations frauduleuses du programme et assurer sa durabilité ».

Jusqu'au printemps 2016, les diplomates sur le terrain prétendaient que les deux pays n'arrivent pas à s'entendre sur l'inclusion ou non d'une clause sur la déportation forcée des criminels. Mais les Comoriens, selon les médias du Golfe, ont ouvert une nouvelle ambassade au Koweït, apparemment pour lancer un nouveau programme.

Bachar Kiwan, pour sa part, affirme qu'il n'était pas au courant de ces négociations et a déclaré qu'il n'avait rien à voir avec cette affaire. Lorsque je l'ai rencontré dans son bureau du centre-ville, à quelques minutes des locaux du ministère de l'Intérieur, il m'a assuré avoir eu vent du nouveau programme comme moi : dans les journaux. Sa relation avec le gouvernement des Comores était encore houleuse, et il prétendait que son entreprise, la CGH, avait perdu presque tout son argent. Kiwan jugeait avoir été mal traité, compte tenu du temps et des sommes qu'il avait investis dans ce qu'il a qualifié de geste humanitaire pour remettre le pays sur pied.

Kiwan semblait également avoir changé d'avis au sujet des *bidoun* koweïtiens – sans doute parce qu'il savait qu'il ne pourrait plus faire d'argent sur leur dos. Il m'a en effet dit

---

2. FMI, « Union des Comores : consultations de 2014 au titre de l'article IV – Rapport des services du FMI, annexe d'information, analyse de viabilité de la dette, communiqué de presse et déclaration de l'administrateur pour les Comores », rapport n° 15/34, janvier 2015, www.imf.org/external/French/pubs/ft/scr/2015/cr1534f.pdf.

qu'il ne fallait pas leur donner de passeports comoriens ni les déporter. «Je crois qu'il y a beaucoup de *bidoun* qui méritent la citoyenneté koweïtienne.»

Avant de partir, j'ai demandé à Kiwan ce que la citoyenneté signifiait pour lui, un Franco-Syrien avec un titre diplomatique aux Comores et des entreprises aux quatre coins de la planète. Quels étaient, selon lui, ses droits, ses responsabilités et ses obligations? Où se trouvait sa place dans le monde?

«Je suis un Syrien qui a toujours vécu hors de son pays, m'a-t-il répondu. Alors pour moi, la citoyenneté ne veut pas dire grand-chose.»

*
* *

La semaine suivante, j'ai visité la villa de Kiwan aux Comores. Nichée dans une véritable jungle d'ananas et de palmiers, la propriété était abandonnée et barricadée de planches de bois: des chèvres paissaient à l'entrée; la piscine, donnant sur l'océan étincelant, était vide; la maison d'invités était déserte. Un gardien, vieux et émacié, qui me disait être encore payé par Kiwan pour surveiller la demeure, m'a raconté que celle-ci servait désormais principalement de garçonnière aux politiciens qui trompaient leur femme.

Puis je suis retournée sur la corniche, où le grisant rêve de Kiwan s'était jadis étalé aux regards de tous. Il n'en restait rien, hormis des piles d'ordures multicolores qui glissaient lentement dans l'océan, à perte de vue. Seule trace de la CGH: un bâtiment en construction orné du logo bleu et blanc que l'on voyait partout à Moroni avant, désormais délavé par le soleil. Les résidents ont remarqué qu'avec la disparition des grands panneaux publicitaires de la société le long de la route, les chauffeurs de taxi avaient perdu leur vespasienne de trois kilomètres.

Un autre homme surveillait les lieux. Il m'a menée jusqu'à un cabanon, où se cachait une pompe à essence aux couleurs de la CGH – vestige des espoirs qui s'étaient emparés de l'archipel, avant de se volatiliser.

Kiwan lui versait toujours un salaire, selon ce que m'a raconté cet autre vigile. Il n'avait pas vu le patron depuis longtemps. Mais il espérait et rêvait qu'il reviendrait un jour.

« Tout allait tellement mieux, lorsque Bachar Kiwan était dans les parages. »

Épilogue

L ES *BIDOUN* SONT PEUT-ÊTRE LE SUJET CENTRAL DE CE LIVRE, mais ce ne sont pas les seuls apatrides qui vivent sur la planète aujourd'hui. Les Rohingya, peuple musulman d'une Birmanie majoritairement bouddhiste, sont constamment persécutés. À cause de leur religion, on leur refuse la citoyenneté. En République dominicaine, en 2014, la citoyenneté de milliers d'hommes et femmes d'origine haïtienne a été révoquée du jour au lendemain par décision de la Cour constitutionnelle, qui a également ordonné que ces gens soient renvoyés « chez eux », même si nombre d'entre eux n'avaient jamais mis le pied en Haïti. Ces deux exemples illustrent bien que la seule chose qui est pire qu'être un citoyen de second ordre, c'est d'être un sans-papiers de second ordre.

Ces problèmes découlent des mesures et limites discriminatoires qui régissent la mobilité humaine et qui sont, par définition, hautement politiques et affectent tout le monde, même les citoyens en bonne et due forme. Prenons par exemple les milliers d'enfants sud-américains non accompagnés qui, à l'été 2014, se sont retrouvés à la frontière américaine pour demander refuge. Ou encore les milliers de réfugiés morts en essayant de traverser la Méditerranée pour fuir la violence en Afrique du Nord ou au Proche-Orient, sous l'œil indifférent et froid des gouvernements européens qui pourraient les accueillir.

La citoyenneté continue de dicter qui va où, quand, comment et pour combien de temps, même à une époque où on peut l'acheter, la vendre, la révoquer ou y renoncer; même à une époque où le nombre de réfugiés arrachés à leur maison atteint des sommets que seule la Seconde Guerre mondiale a égalés; et même à une époque où le commerce transfrontalier et la technologie ont dilué les liens entre les citoyens d'un même pays tout en rapprochant les étrangers géographiques, révélant du même coup le caractère arbitraire de nos allégeances nationales.

Fondamentalement, aujourd'hui ces crises sont le résultat de l'étanchéité des frontières nationales qui perdure, des autres obstacles à la libre circulation des personnes, et du refus des politiciens de faire quoi que ce soit pour les assouplir. Comme nous l'avons vu, ces réalités affectent tout le monde, même le 0,01 %. Mais il est difficile de ne pas voir que la «qualité», pour ainsi dire, des citoyennetés suit des clivages ethniques et économiques déjà en place. Les bateaux qui font naufrage vont d'est en ouest, vers l'Occident. Les migrants se déplacent du sud vers le nord. Au cours de ces déplacements émerge une hiérarchie des passeports: Allemand, bon. Suédois, bon. Canadien, bon. Afghan, mauvais. Cette taxonomie suit ses propres règles: si vous êtes riche et blanc, vous êtes un expatrié; si vous travaillez dur, mais venez d'un pays du tiers-monde, vous êtes un immigré; et si vous êtes pauvre, de race noire, ou si votre vie est en danger, vous êtes un migrant.

Lors de son passage à la télévision française, la romancière sénégalaise Fatou Diome a parlé du calvaire des migrants qui se noient dans l'Atlantique en chemin vers la « forteresse européenne » :

> […] on voit des Africains qui viennent [en Europe]. Ce mouvement, ce déplacement de population, on le voit, mais on ne voit pas le mouvement des Européens à l'envers, vers les autres pays. Celui-là, c'est le mouvement des puissants, ceux qui ont l'argent, ceux qui ont le bon passeport. Vous allez au Sénégal, vous allez au Mali, vous allez dans n'importe quel pays du monde […] Partout où je vais – et je voyage tout le temps –, je croise des Français, des Allemands, des Hollandais. Je les rencontre partout sur cette planète, parce qu'ils ont le bon passeport. […] Quand vous, avec votre passeport et avec toutes les prétentions que cela donne, vous débarquez dans les pays du tiers-monde, là, vous êtes en terrain conquis. […] Il faut arrêter l'hypocrisie : on sera riche ensemble ou on va se noyer tous ensemble.

Une chercheuse libérienne, dans un billet qu'elle a signé pour le blog *Africa is a Country*, a raconté qu'on lui avait refusé un siège dans un avion à destination de Dubaï parce que les Émirats arabes unis, craignant la propagation de maladies infectieuses, interdisent l'entrée à tous ceux qui détiennent un passeport du Liberia.

> On m'a punie simplement parce que je suis née en Afrique et que je possède un passeport africain, écrit-elle, sans tenir compte du fait qu'on a proclamé la fin de l'épidémie du virus Ebola au Liberia il y a exactement un mois et que je n'ai pas mis les pieds dans mon pays natal depuis près d'un an. Mon passeport a fait l'objet d'un examen plus approfondi que jamais… L'ironie, c'est que si j'étais venue directement de la

Guinée, du Liberia ou de la Sierra Leone avec un passeport européen que les Émirats acceptent, j'aurais facilement reçu un visa, sans avoir à répondre à une seule question.

L'histoire de la citoyenneté au XXIe siècle montre, une fois de plus, un funeste exemple des inégalités entre l'Occident et le Sud, entre les riches et les pauvres. Tous les passeports ne sont pas égaux ; toutes les nationalités ne sont pas aussi enviables. Les mêmes pays qui rejettent les pauvres arrivant par bateau déroulent le tapis rouge aux riches investisseurs capables de se payer des papiers. Dans un monde où, en théorie, tous les hommes naissent égaux, il demeure qu'en pratique, certains possèdent une dizaine de passeports alors que d'autres n'en ont aucun, ce qui témoigne, une fois de plus, de la nature discriminatoire des États (la déclaration d'Arendt sur « le droit d'avoir des droits » est ici plus pertinente que jamais).

Dans un tel contexte, la vente de la citoyenneté est fascinante, non pas parce qu'elle est scandaleuse ou moralement répréhensible, mais parce qu'elle met en lumière le caractère tout à fait arbitraire du concept d'appartenance à une nation. En 2002, le politologue Samuel Huntington – celui qui a inventé le terme « homme de Davos » pour décrire le type d'élite qui se rend chaque année en Suisse pour le Forum économique mondial – a publié un article qui étudiait le fossé entre les très riches Américains et le reste du pays intitulé « Dead Souls: The Denationalization of the American Elite ». Les élites, écrivait-il dans les pages du magazine conservateur *The National Interest*, divorcent de leur nation pour former leur propre identité mondiale individuelle, alors que la population craint de plus en plus la mondialisation et redouble de patriotisme (précisons qu'il a écrit ces lignes juste après les attentats du 11 septembre 2001) : « Le nationalisme a réfuté le concept marxiste de prolétariat international et unifié. La mondialisation confirme pour sa part l'observation d'Adam Smith, selon laquelle "le propriétaire des terres est nécessairement citoyen du pays où est situé son bien. Le propriétaire de capitaux est proprement citoyen du monde, et il n'est attaché nécessairement à aucun pays en particulier". »

Roger Ver, Patri Friedman, Eduardo Saverin ont ceci en commun qu'ils ont choisi de se désengager.

La « financiarisation » de la citoyenneté ne pose pas seulement problème aux traditionalistes comme Huntington, elle présage également un avenir sombre pour la démocratie participative, les programmes sociaux et la redistribution des richesses. Peter Spiro, chercheur en droit à la Temple University et auteur de plusieurs ouvrages sur la question, attribue l'échec de la citoyenneté nationale à l'accroissement des inégalités entre les riches et les pauvres à l'intérieur même des frontières d'un pays. (Spiro, tout comme la philosophe Martha Nussbaum et l'ancien secrétaire général de l'ONU Kofi Annan, sont décrits par Huntington comme des intellectuels « en transition » qui « abandonnent leur engagement envers leurs nations respectives et qui défendent la vertu de s'identifier à l'humanité tout entière ».) En 2014, dans un colloque organisé par Henley & Partners, Spiro s'adressait à un public au regard vide et résumait ainsi le célèbre livre de Thomas Piketty, *Le capital au XXIᵉ siècle* : « Ce qu'il faut en retenir, c'est que les inégalités ont été supprimées au XXᵉ siècle, parce qu'il s'agissait d'une période de grands conflits frontaliers et que les individus sentaient qu'ils pouvaient partager avec leurs concitoyens.» De nos jours, croit Spiro, les gens ne partagent plus comme avant, parce que le sens social de la citoyenneté a été démoli. C'est pourquoi des pratiques comme l'évasion fiscale sont courantes, voire permises, et c'est aussi ce qui explique que tant de pays approuvent la double citoyenneté –un statut que Teddy Roosevelt comparait à la polygamie.

En fin de compte, c'est cette dissociation entre le lieu et la personne, entre le citoyen et la collectivité, qui a permis aux Émirats d'acheter une citoyenneté étrangère pour les *bidoun*, et aux Comores d'accepter de vendre la leur. «Dans la mesure où l'appartenance sociale a été écartée de l'équation, la citoyenneté est devenue un produit qui continuera d'être gouverné par les paramètres du marché», déclare Spiro.

Si la citoyenneté a été construite autour de la cause commune qu'est la nation, et si la nation est remise en question par la mondialisation, la technologie, le commerce et les crises, il est parfaitement logique que notre allégeance et notre sentiment d'appartenance à la nation soient à leur tour contestés. Tout compte fait, il serait absurde de croire qu'une institution comme la citoyenneté nationale sortira intacte de la mondialisation.

Voilà qui nous ramène à la citoyenneté «mondiale», qui n'a pas toujours été cette entreprise cynique visant à profiter des anciennes colonies sans le sou qui n'ont plus que leur nationalité à vendre. La citoyenneté mondiale n'aspirait pas, à ses débuts, à aider ce fameux «1 %» à vivre au-delà des frontières tout en faisant des véritables apatrides les victimes de son trafic. L'expression est depuis longtemps un slogan à la mode, utilisé à toutes les sauces et dans tous les contextes, aussi bien par les progressistes que par les associations caritatives, et elle apparaît même dans le discours de ceux qui mettent de l'avant les responsabilités sociales des grandes entreprises. Bien avant que Jay-Z et Kanye West se mettent à parler, dans leur *flow*, d'éviter la prison grâce à leurs cinq passeports, John Lennon imaginait un monde sans guerres, sans frontières, sans pays et, on peut le supposer, sans nationalités rivales ni restrictions sur la libre circulation des citoyens russes ou chinois. Quelques millénaires avant que l'acteur français Gérard Depardieu renonce à sa citoyenneté non pas pour fuir les impôts, raconte-t-il aux médias, mais bien parce qu'il est un citoyen du monde, Diogène déclarait qu'il n'était pas qu'un simple citoyen d'Athènes, mais un citoyen du monde entier.

De nos jours, cet idéalisme est en piteux état. « On peut user et abuser de la citoyenneté mondiale dans une foule de contextes qui n'ont rien à voir avec la citoyenneté », m'a répondu Darren O'Byrne, professeur à l'université de Roehampton, lorsque je l'ai interrogé sur ce qu'il est advenu du concept. « Elle est devenue un signifiant postmoderne arbitraire et vide de sens. Elle a été dépouillée des concepts que Garry Davis promouvait jadis, et son appropriation par les entreprises privées est un réel danger. »

D'un autre côté, il y a toujours eu des versions concurrentes de l'éthos cosmopolite. Pour chaque cynique qui rêve de sécession personnelle, il y aura toujours un stoïcien idéaliste cherchant à embrasser l'humanité tout entière ; à chaque Garry Davis son Roger Ver. La vision qui l'emportera aura des répercussions monstres sur le monde. La citoyenneté nationale, bien qu'encore pertinente d'un point de vue pratique, commence à se fissurer en tant qu'institution. En s'adonnant à la vente de leur citoyenneté pour faire des profits à court terme, les pays affaiblissent eux-mêmes l'imaginaire conceptuel sur lequel ils sont bâtis.

Si l'époque de l'État-nation tire bel et bien à sa fin, devrions-nous chercher à devenir plus « mondiaux » et risquer, en larguant les amarres, de perdre nos traditions et nos origines ? Peut-on vraiment rompre avec le territoire et la géographie ? Les avancées technologiques comme le bitcoin offriront-elles de nouveaux imaginaires qui changeront nos façons de penser nos collectivités et de nous penser nousmêmes ?

Du côté des politiques, les nations souveraines saurontelles adapter leur version de la citoyenneté à notre mode de vie actuel, ou essaieront-elles de consolider le nationalisme du siècle dernier aussi efficace pour redistribuer les richesses que pour déclencher des guerres ? Les pays courtiseront-ils toujours les « citoyens du monde » les plus intelligents et les plus riches à grand renfort de passeports et d'allègements fiscaux, ou se préoccuperont-ils enfin des gens dans le besoin qui se trouvent à l'intérieur de leurs frontières ? Les frontières finiront-elles par s'ouvrir et laisser passer plus de gens, ou les États continueront-ils à n'ouvrir leurs portes qu'aux élites riches et qualifiées ?

Les réponses à ces questions abstraites se jouent sous nos yeux à chaque instant. Lors du référendum sur la souveraineté de l'Écosse en 2014, le camp du « oui » a montré une image plus souple, inclusive et progressiste de l'identité écossaise, s'engageant aussi bien à soutenir la sécurité sociale qu'à implanter des lois migratoires plus ouvertes. Le Royaume-Uni, pour sa part, exige des étrangers souhaitant vivre et travailler sur son territoire qu'ils gagnent un certain revenu. De plus en plus, les partis politiques d'Europe (et d'ailleurs) emploient une rhétorique xénophobe et anti-immigration, probablement en réponse à la précarité économique mondiale, mais aussi à cause d'un racisme profondément ancré.

L'Estonie, elle, a trouvé un nouveau modèle : la citoyenneté électronique. N'importe qui, n'importe où dans le monde, peut se connecter au portail estonien pour y créer une entreprise ou enregistrer un nom de domaine, une stratégie qui, selon l'État, devrait créer d'ici 2025 plus de dix millions de nouveaux « E-stoniens ». L'approche est inclusive – ouverte à tous – et complètement décentralisée : aucune obligation de se rendre à Tallinn. La citoyenneté électronique, toutefois, demeure une initiative essentiellement commerciale, ce qui prouve à quel point la notion d'appartenance à un pays est de nature transactionnelle aujourd'hui. Ce type d'approche profite donc d'abord, sans surprise, aux riches : la géographie, l'ethnicité et la religion pèsent bien moins dans la balance que la richesse, l'accès à internet et le sens des affaires.

Cette prise en otage de la citoyenneté par les entreprises privées touche le monde entier ; l'idée selon laquelle le citoyen est avant toute chose un consommateur s'est emparée de toute la planète. Cette vision n'est pas pour autant viable ; des problèmes bien plus graves encore se profilent à l'horizon.

Au cours des prochaines décennies, des nations entières seront englouties par la montée du niveau des océans. Le besoin d'une coopération internationale pour ralentir les changements climatiques est criant, mais sur le terrain, la question est réellement existentielle. Où iront les Maldiviens lorsque leur pays se dérobera sous leurs pieds ? Pourra-t-on compter sur un nouveau Nansen pour offrir l'asile climatique à ces réfugiés, ou devront-ils se tourner vers le marché des passeports pour se forger une nouvelle identité?

Ce sont ces enjeux-là qui guettent la citoyenneté au XXIe siècle.

Bibliographie sélective

ANDERSON, Benedict, *L'imaginaire national. Réflexions sur l'origine et l'essor du nationalisme*, Paris, La Découverte, 1996.

HALE, Edward Everett, «The Man Without a Country», *The Atlantic Monthly*, décembre 1863, www.theatlantic.com/magazine/archive/1863/12/the-man-without-a-country/308751.

O'NEILL, Joseph, *The Dog: A Novel*, New York, Random House, 2014.

SHACHAR, Ayelet, *The Birthright Lottery: Citizenship and Global Inequality*, Cambridge, Harvard University Press, 2009.

SPIRO, Peter, *Beyond Citizenship: American Identity Afetr Globalization*, Oxford, Oxford University Press, 2008.

—, *At Home in Two Countries: The Past and Future of Dual Citizenship*, New York, New York University Press, 2016.

WEIL, Patrick, *The Sovereign Citizen: Denaturalization and the Origins of the American Republic*, Philadelphie, University of Pennsylvania Press, 2013.

Table des matières

Avant-propos 7

Prologue 19

1. Les îles de la lune 25

2. Une solution clé en main 43

3. Cosmopolite malgré lui 55

4. L'homme qui a vendu le monde 79

5. Citoyens du monde 109

6. La lune et les étoiles 137

7. Les enfants du pays 161

Épilogue 175

Bibliographie sélective 185

Déjà parus dans la collection « Futur proche »

- Normand Baillargeon et Jean-Marc Piotte (dir.), *Au bout de l'impasse, à gauche. Récits de vie militante et perspectives d'avenir*
- Franco « Bifo » Berardi, *Tueries. Forcénés et suicidaires à l'ère du capitalisme absolu*
- Gaétan Breton, *La dette. Règlement de comptes*
- Gaétan Breton, *Faire payer les pauvres. Éléments pour une fiscalité progressiste*
- Gaétan Breton, *Tout doit disparaître. Partenariats public-privé et liquidation des services publics*
- Jean Bricmont, *L'impérialisme humanitaire. Droit humanitaire, droit d'ingérence, doit du plus fort?*
- Noam Chomsky, *Comprendre le pouvoir*
- Noam Chomsky, *Futurs proches. Liberté, indépendance et impérialisme au XXIᵉ siècle*
- Gabriella Coleman, *Anonymous. Espions, hackers, lanceurs d'alertes, activistes, trolls et faussaires*
- Francis Dupuis-Déri (dir.), *Québec en mouvements. Idées et pratiques militantes contemporaines*
- Chris Hedges, *La mort de l'élite progressiste*
- Chris Hedges, *L'empire de l'illusion. La mort de la culture et le triomphe du spectacle*
- Edward S. Herman et David Peterson, *Génocide et propagande. L'instrumentalisation politique des massacres*
- Institut de recherche et d'informations socio-économiques (IRIS), *Dépossession: une histoire économique du Québec contemporain. Tome 1: les ressources*
- Razmig Keucheyan, *Hémisphère gauche. Une cartographie des nouvelles pensées critiques*
- Naomi Klein, *No logo. La tyrannie des marques*
- Naomi Klein, *Tout peut changer. Capitalisme et changement climatique*
- Andrea Langlois et Frédéric Dubois (dir.), *Médias autonomes. Nourrir la résistance et la dissidence*
- Linda McQuaig et Neil Brooks, *Les milliardaires. Comment les ultra-riches nuisent à l'économie*

- Luc Rabouin, *Démocratiser la ville. Le budget participatif : de Porto Alegre à Montréal*
- Sherene H. Razack, *La chasse aux Musulmans. Évincer les Musulmans de l'espace politique*
- Jeremy Scahill, *Le nouvel art de la guerre. Dirty Wars*
- Astra Taylor, *Démocratie.com. Pouvoir, culture et résistance à l'ère des géants de la Silicon Valley*
- Lesley W. Wood, *Mater la meute. La militarisation de la gestion policière des manifestations*